木村汎◎訳

ワシーリー・モロジャコフ

後藤新平と日露関係史

【ロシア側新資料に基づく新見解】

藤原書店

Василий Молодяков

ГОТО СИМПЭЙ И РУССКО-ЯПОНСКИЕ ОТНОШЕНИЯ:
новые документы, новый взгляд

後藤新平と日露関係史——目次

後藤新平と日露関係史

——ロシア側新資料に基づく新見解

凡例

一　原書における引用文への補足は［　］で示した。
一　訳者による補足は〔　〕で示した。
一　原注は（1）（2）…で示し、本書末にまとめて収録したが、一部、＊、＊＊…で示してその段落末に配したものがある。

まえがき

二〇〇七年は、明治、大正、昭和初期にかけてもっとも傑出した日本の政治家の一人、後藤新平（一八五七―一九二九）の生誕一五〇周年、今年二〇〇九年はその没後八〇周年にあたる。国民に広く知られたこの人物をあらためて紹介する必要はないかもしれない。しかし、われわれは後藤についていったい何を知っていると言えるのだろうか。

じっさい、後藤のすべての活動は国内政策あるいは植民地政策と密接に結びついていた。彼は、日本の最初の植民地である台湾の民政長官（一八九八―一九〇六）、南満州鉄道総裁（一九〇六―〇八）、逓信大臣（一九〇八―一一、一九一二―一三）、内務大臣（一九一六―一八）、東京市長（一九二〇―二三）および東洋協会会頭（一九一九―二九）、拓殖大学学長（一九一九―二九）、日露協会会頭（一九一九―二九）を歴任した。近代日本において、後藤ほど優れた水準の政治家も行政家もいなかった、と考える者が多い。日本人の後藤にたいする関心の高さは十分理解できる。では、後藤は外国人にたいして何かをあたえることができるだろうか。外国人の目からみて後藤について何か新しいことを指摘できるのだろうか。後藤は若いとき短期間海外生活を経験したが、海外旅行の回数は比較的少ない。外務大臣の職にあったのは一九一八年四―九月ときわめて短期間であり、対外政策の責任者として華々しく活躍することもなかった。日本以外の国では、後藤はほとんど知られていない。後藤については、ただの一冊の本も書かれていない。ヨーロッパや米国では、後藤ほど有名でない日本の政治家についてさえ伝記が書かれているにもかかわらずである。

もっとも、半生を海外で暮らしながら、暮らした国のことについて何も知らない人がいる。一方で、自国にいながら、世界の出来事を注意深くフォローし、他の大陸に生起する事件や人々のことに関心をもち続けている人がいる。骨の髄まで日本人であった後藤は、「世界市民」ではなかったが、日本人と自分を全人類の一部であるとみなした。じっさい、後藤は、大多数の職業外交官や政治評論家に比べても、数段優れた国際情勢の理解力の持ち主であった。

ドイツで医学教育をうけたあと、後藤は生涯ドイツにたいして敬愛の念をもち続けた。後藤は宰相ビスマルクに大きな関心をもち、とくに彼の社会政策に注目した。後藤はアメリカ的民主主義にシンパシーを抱いていたが、合衆国政府の日本人移民にたいする差別政策には強い憤りをおぼえた。彼は大英帝国の植民地政策の経験をつぶさに調べ、大英帝国をアジア人民に対する勝利者とはみなさなかった。後藤は、対露関係発展の分野で多岐にわたり実り多い仕事をなしとげた。

後藤は、一九〇八年、一九一二年、そして一九二七―二八年の計三回、ロシアを訪問した。これは中国を別にすれば、他のどの外国に対する訪問回数よりも多い。後藤の生涯においてロシアが特別の地位を占めている証左といえるだろう。じっさい、日露関係史における二〇世紀の最初の三分の一において、後藤は、同世代はもちろん若干若い世代の者を含めても、日露関係の改善と発展に尽力したという点で抜きんでた存在であった。後藤は尊敬に値する日本の真の愛国者であり、ロシアの友人であった。そのような後藤にたいしては今にいたっても頭が下がるし、「ありがとうございました」と言いたくなる。

二〇世紀の日露関係史を研究するばあい、後藤の考えと活動を無視して通り過ぎることはできない。公刊、未公刊を問わず、歴史家たちが入手できる日本の資料のおかげで、質の高い研究が可能となる。しかし、これはコインの一面に過ぎない。本書は、ほとんど日本では知られていないロシアの公文書館にある資料にもとづいて書かれた。たとえば、ロシア帝国外交文書館（モスクワ）、ロシア連邦外交文書館（モスクワ）、ロシア社会政治史文書館（モスクワ）、ロシア国立歴史文書館（サンクトペテルブルク）の所蔵資料である。その大部分は、ロシア語の資料集『桂太郎、後藤新平とロシア』（邦訳藤原書店近刊）に集大成されている。

この資料収集作業は、ロシア史研究協会（AIRO-XXI）およびロシアの日本研究協会の協力のもとに拓殖大学創立百年史編纂室が中心となって進められた。現在その日本語版の発行準備が進められている。本書のなかで利用された若干の文書のなかには、これまで公刊されたことのないものも含まれている。後藤の生涯や活動を研究するうえで、なにものにも代え難い貴重な資料として、二〇〇四―二〇〇六年に藤原書店が発行した鶴見祐輔著『〈決定版〉正伝・後藤新平』（全八巻・別巻一）がある。

歴史的資料といっても、新資料であればよいというものではない。歴史研究者は、それほど重要でもない事実を列挙して喜ぶべきではない。学者の仕事は、事実を分析し、事件の理由や根拠を示すことによって、歴史的過程を可能なかぎり完全に提示することである。まさにそうした課題を、私は自らにも課してきた。

私は、この本がどんなにささやかな程度のものであれ、後藤の生涯における重要な出来事に新たな光を当て、同胞に高く評価されたこの傑出した人物像に新しい彩りを添えることに貢献できれば、無上の喜びとみなす。同時に、日露間の友好と協力のために多大なる尽力をした人々にたいする回想録として、本書が私からの感謝に満ちた贈り物となることを望みたい。

拓殖大学総長の藤渡辰信先生、拓殖大学常務理事の福田勝幸先生、拓殖大学日本文化研究所所長の井尻千男先生、藤原書店社長の藤原良雄氏の各氏からは、本書発行に際し全面的なご支援を賜った。衷心から厚く御礼を申しあげる。また、私の研究成果と自身の歴史的研究成果との意見交換に喜んで応じてくれた青山学院大学准教授ピョートル・ポダルコ先生、九州大学大学院博士課程所属（その後、博士号取得）のエドワルド・バールイシェフ氏に感謝申しあげたい。

ワシーリー・モロジャコフ

東京にて

第一章　満鉄総裁、ペテルブルクを訪問
――友好のはじまり

■「鉄道帝国主義」の時代

一九世紀後半の五〇年で、世界は大きく変わった。その主役をはたしたのは、鉄道である。卓越したエンジニアで、ロシア帝国の鉄道第一大臣パーヴェル・メリニコフは、一八七一年、鉄道について記した。「人類の発明のなかで、鉄道ほど短期間に国家や国家の相互関係のあり方を大きく変えてしまったものはない(1)」。また、英国の歴史家ニコラス・フェイトは、その著『鉄道が創った世界』のなかで「現代世界は鉄道の出現とともに生れた」と書いた。彼は、続ける。

鉄道は、それまで空間に過ぎなかったところをまったく別の世界へと激変させた。鉄道の出

現は、その後におけるほとんどすべての機械または工業上の革新よりも大きくかつ急激な変化をもたらした。それは、空前絶後のことであった。鉄道はいったん敷設されると、いかなる国のどのような場所をもつなげてしまう最初の技術的発明品となった。……鉄道は騒々しく煙を吐き散らしながら、技術的新手法をもって支配することを運命づけられた文明の使者としての役割をになった。(2)

これは、こんにち「鉄道帝国主義」と命名されている。(3)

鉄道は、その敷設と運営に莫大な出費を必要とした。しかも、かならずしもすぐに利益をあげることを約束しえなかった。このために、多くの場合、私企業よりも国家が鉄道により多く関心をもつことになった。こうして、政府の積極的な市場介入が可能となった。その後徐々に、鉄道会社のなかの大きなものは「国家のなかの国家」へと変貌していった。まもなく鉄道がもつ軍事的な潜在力の重要性が認識されはじめた。以前には想像しえなかった軍隊の迅速な輸送が可能となり、軍事活動の範囲が拡大した。移動の可能性の増大は、最初は戦術面で、その後は戦略面で極めて大きな影響力をあたえることとなった。

鉄道は、たとえばロシア、オスマン帝国、中国といった広大な国土をもつ国々において、かつて開拓できなかった未開地への植民をおこなううえで大きな役割をはたした。「植民」および「植民地主義」は同一のものを意味しない。それは、一九世紀の最後の二五年が大植民帝国完成の時代となったことからみても明らかである。「鉄の船、憲法、機関銃、および合理的な税制が一九世紀末における最新性と効率性の象徴であったように、植民地保有は国家的優越性の証し、とくに国際場裡における権威の主な象徴となった[4]」。

問題は、一九世紀末から二〇世紀初めにおける列強の中国への経済侵略であり、その他の「特権」や「特殊権益」をもたらす鉄道敷設権の獲得競争であった[5]。このことは、日本についても、ロシアについてもあてはまる。

■満州鉄道と初代総裁

セルゲイ・ウィッテと小村寿太郎によって調印されることによって、日露戦争を終結させたポーツマス講和条約（一九〇五年九月五日[*]）にもとづいて、日本は昨日の敵から旅順と大連などの諸都市を擁する遼東半島の租借権を譲り受けた。加えて、東支鉄道の寛城子から旅順口までの九四一キロメートルの南支線も手にいれた。ロシアの満州へのさらなる進出は阻止され、日本の進出がここにはじまった。

＊ロシア領土の外で起こった事件は新暦で、ロシア国内で起こった事件やロシアの外交文書は新暦と旧暦で表示することにする。

日本は、ポーツマス講和条約にもとづき、南満州鉄道と名づけられる一〇〇〇キロメートルに満たない鉄道を獲得したが、それだけで満足するつもりはなかった。東京の支配層は、この鉄道が大陸への軍事的・経済的進出拡大のための基地になるとみなした。だから、そのためにもっとも好都合な環境をつくろうとした。たとえば、南満州におけるロシアのすべての占有権を日本に委譲することを確保した日清条約附属の秘密議定書（一九〇五年一二月二二日）において、南満州鉄道に並行する鉄道を建設しないこと、または南満州鉄道に経済的損失をあたえるかもしれない支線を敷設しないことを、中国に約束させた。

東京では、大陸で何をするかについて意見の不一致が表面化した。桂太郎首相、小村寿太郎外務大臣、児玉源太郎満州軍総参謀長（台湾総督も兼任）は、ロシアから譲り受けた租借権や鉄道を使って集中的な植民化政策を展開すべきと説いた。一九〇六年一月の内閣交代を受けて、桂太郎と小村寿太郎の後継者となった西園寺公望と加藤高明は、寺内正毅陸軍大臣と同様、穏健路線をとった。元老の伊藤博文は、満州における鉄道を含む積極政策の展開に断固として反対した。満州は中国の領土であり、日本のものではない(6)。ある会議の席で、児玉が満州にたいする主権があたかも日本に委譲されたかのような発言をしたとき、伊藤は児玉を叱責した。西園寺首相は彼らを仲介しようとしたが、満州問題に関する専門家会議の座長として児玉を指命した。

一九〇六年八月一日、遼東半島（租借地）と南満州鉄道の附属地を管轄する関東都督府創設についての勅令が下された。関東都督府は、広範な権限をあたえられ、たとえば、そこに展開されている軍隊にたいする司令権、警察権、民政指導、同年六月七日付勅令にもとづいて設立された南満州鉄道株式会社の諸活動についての管理権を有した。[7] 関東都督は、内閣の推薦で天皇によって任命され、政治問題については首相に、外交問題については外務大臣に従うものとされた。

満鉄の初代総裁となったのは四九歳の後藤新平であった。彼は、過去八年間、児玉のもとで台湾民政長官を務め、児玉のもっとも親しい補佐役であった。そのときの功が認められ、後藤は「男爵」の称号を授与された。後藤は、総裁就任の要請を容易には受けようとしなかった。台湾におけると同様、活動の自由を主張し、軍とのあいだで考えられる摩擦を回避できる大将級の人物が満鉄の総裁として任命されるべきと主張した。七月二二日、白熱した話し合いがおこなわれた。その夜、児玉が急逝した。後藤は、自分の上司、友人、庇護者であった亡き児玉の遺志を継いで、総裁ポストへの就任をついに承諾した。この間、西園寺、閣僚、軍の上層部と、長期にわたって交渉をつづけた。その結果、戦時を別として、平時においては満鉄経営に介入しないこと、また鉄道租借地行政の問題にかんしては総裁に発言権が保障されることを、大島義昌関東都督からとりつけることに成功した。[8]

大島と後藤は、さらに満州駐在日本領事をその管理下におくことを試みたが、林董外務大臣の反対に遭遇した。妥協の結果、領事は自己の活動状況について外務本省だけではなく、対外関係部を新設した都督府にも連絡することが決定された。[9] その最初の部長として、若い外交官松岡洋右が着任した。後に松岡は、満鉄の副総裁、総裁を務め、人生の絶頂期には外務大臣に就き、一九四一年四月一四日の日ソ中立条約の調印者となった。

一九〇六年一一月一三日、後藤は正式に総裁に就任した。彼は、「科学的植民化」の実践者として、鉄道経営ばかりでなく、将来その周辺地域を獲得することが新たな任務であると理解していた(10)。単独責任制の主張者であった後藤は、自分に大きな権限を集中させ、おのれの下にはできるだけ管理職を少なくすることを選んだ。社員は、たんに採用したという関係ではなく、家族の一員であるとみなした。部下には足並みを揃えるために繰り返しのべた。「創意を殺してはならないが、権限には忠実であれ。有能で勤勉な補佐役を育てよ」と。一一月二六日、東京において、後藤が議長となって、満鉄の第一回株主総会が開かれた。一二月初めに、満鉄の設立手続きが完了した。新会計年度が始まる一九〇七年四月一日、陸軍省鉄道部は満鉄にすべての鉄道業務を引き渡した。

日本は満鉄を誇りとし、満鉄の指標と日露戦争までロシアの前身だったものとの指標を比較することを忘れなかった。満鉄は利益が大きく、東支鉄道に比べて「より営利的な」企業であり、東支鉄道はもっぱら軍事的・政治的膨張政策の手段とみなされた。しかし、両社の本質的な目的にそう大きな違いがあったわけではない。満鉄にたいする日本国家の支配は、東支鉄道のそれに比べて少ないどころか、時によって一層大きかった。日本は、満州獲得における東支鉄道の価値を意図的に過小評価した。しかしじっさいには、より困難で、儲からない鉄道敷設の初期段階を受けもち、多大な精力と資金をつぎこんだのは、ロシアであった。「ロシアは満州に金《かね》をもちこみ、日本はそこにビジネスをもちこんだ」。これが、当時の人々が等しく認める出費にかんする評価であった。大連と旅順港は、引渡し後一年も経っていなかったが、中国の他の都市とは異なる、ロシアの都市の外見をとどめていた。日本人はそれらを改修し、近代化した。その華やかさが開花した「初期構造」を見事に生かし、結実させたのは、日本人たちであった。

■後藤のロシア観

満鉄総裁としての後藤は、ロシアとの折衝を直ちに開始した。彼は、ロシアが永久の敵でありライバルであるとは考えなかった。むしろ満州を経済的に〔日本に〕とりこむにあたっての潜在的なパートナーであり、他の諸列強の膨張に反対するための同盟者たりうるとみていた。彼の思考は「大陸的」で、充分ユーラシア的と名づけうるものであった。それはすでにかなり前に構築されはじめ、おそらく日露戦争の影響下に最終的に形成された。プラグマティスト後藤は、日本の政治的、経済的、軍事的安全保障のためには、大陸における地位の強化こそが不可欠であるとの結論に達した。「日本は中国と朝鮮の天然資源に依存しているために、何よりもまず経済的安全保障こそが必要である。同時に、将来起こり得る紛争に備えるために、勢力圏分割の原則にもとづくロシアとの協力が必要である」(11)。後藤は、ポーツマス講和条約に際し、最大限の賠償金と領土的譲歩をロシアから獲得すべきであると主張し、そのことを日本政府に求めた人物であった。しかし今となっては、事情が違う。ロシアはすでに敵ではなく、直近の隣国である。好むと好まざるにかかわらず、つきあっていかなくてはならない。このような考えに立って、後藤は日本がロシアに譲歩することを政府に進言した。

日露間に協定とパートナーシップがあってこそ初めて満州地域の政治的安定が保障される、と後藤は考えていた。じっさい、政治的安定こそが、満州の獲得と開発の必要条件であった。後藤は、欧州ばかりでなくアメリカの「門戸開放」「機会均等」といったスローガン（「ヘイ・ドクトリン」）でカモフラージュされたアメリカの中国への膨張に対抗できるのは、ロシアとの同盟だとみなした。後藤の結論に、伊藤博文が、少し遅れて山縣有朋と桂太郎が同調した。ロシアの歴史家エリ・エヌ・クタコフが次のように述べたのは、今から思うと正鵠を射たものであった。

> 日本の前途には難問が横たわっていた。アメリカに対抗してロシアと組むべきか、それともアメリカと組んでロシアに対抗すべきかの選択の問題である。後藤は、他の誰よりもはっきりと後者が日本の資本家たちに受け入れられないことを見抜いていた。後者の道は、日本をはるかにより強力で攻撃的なアメリカ帝国主義へ従属させることを意味した。ロシアとの接近は、そのような危険をもたらさなかった。(12)

日露両国間にはいまだ日露戦争の報復感情が存在していた。後藤は満州において新しい日露戦争の可能性をみとめたものの、それを不可避とはみなさなかった。万一戦争が起こっても、勝利するためには、成功裡に植民化をとげておくことが第一であり、そのためには、諸鉄道、何よりも満鉄を効率的に機能させておく必要がある。そのために後藤がさらに必要と考えたのは、次の諸点である。

①鉄道の正確な運行、②採炭の増進、③家畜頭数の増大、④移民。後藤はこれを比喩的に「文装的武備」(民間に見せかけた軍事的準備)と呼んだ(13)。

■合意と協力の志向

ポーツマス講和条約は、日本でも、ロシアでも、ひじょうに不評であった。日本においては財政が極度に疲弊していたので、その立て直しのために少しでも多くの賠償金を獲得したいとの思いが強かった。しかし、小村寿太郎は財政立て直しのために必要な賠償金を獲得できなかった。ロシアでは、ニコライ二世とウィッテが日本にサハリンの半分と南満州における既得物すべてを日本に「譲った」。とはいえ、この条約の締結は、日露関係を合意と協力の方向へと発展させ、日露関係のさらなる発展の基礎を築いた。講和条約は存在するすべての問題を解決しなかったし、また解決することができなかったものの、相互の合意にもとづき、それらの解決のための好ましい環境をつくった。この過程において、ツァーリ政府は一度ならず譲歩を余儀なくされた(それゆえに、極右の「愛国者たち」は、同政府を激しく攻撃し続けた)。しかし、ロシアの政策の最大の関心事はヨーロッパであり、極東ではなかった。他方、日本にとり、「大陸政策」は「海外政策」よりも重要であった。

かつてソヴィエト時代の歴史家たちは、この時期を「日本の膨張とロシアの脆弱性による紛争が相次いだ時代である」と規定しようとした。しかし、今日、日露両国関係にとり「黄金時代」と呼ばれるのは、もっとも至極である。(14)

一九〇七年六月一三日（五月三一日）、「満州における日露鉄道連結業務仮条約・附属議定書」が調印された。その議定書にもとづき、寛城子駅はロシアの手に渡った。その代償として、ロシアは日本にたいして、権利の相当額五六万ルーブルを支払った。寛城子駅との関係にかんしては日露両国の権利が同等と認められたからだった。ロシアが代償を払って入手したこのロシア側の最終駅には、すべてが整備されており、新しい装備の必要はなかった。

しかしその後、一九〇七年七月三〇日（七月一七日）に、日露協商が調印され、満州における日露それぞれの勢力圏はスンガリ川（松花江）に沿って定められることになった。そのために、ハルビン—寛城子支線は「日本」領となった。大蔵大臣ウラジーミル・ココフツォフと陸軍大臣アレクサンドル・レジゲル将軍の両者とも、スンガリ川に沿った当該支線はロシアにとって利益はないと断じ、最終的には協定を受け入れた。レジゲルは語った。

そのような協定がないので、日本は、活動の自由を利用して、たとえば鉄道建設の分野で、極東におけるロシアの安全と確固たる地位を脅かす一連の措置をとっている。…もし一三〇露里にのぼる鉄道の権利を放棄することによって、そのようなリスクを回避できるのであれば、それはお安いコストというべきだろう。[15]

後藤はロシアとのパートナーシップを説いてまわり、伊藤を味方に引き込もうとした。伊藤は元老のなかではもっとも親露派であり、自分の庇護者でもあり、尊敬してきた人物である。後藤の考えの第一は、旧習墨守の大使館ルートを通さずに、両国の経済・通商関係の諸問題を協議するために、ココフツォフと元老伊藤の会見を実現することであった。しかし、外交官を全く抜きにする外交活動は不可能であり、後藤は、ロシアの駐日公使ユーリー・バフメーチェフに相談した。バフメーチェフは、一九〇七年一一月一五日（一一月二日）、自分の上司であるアレクサンドル・イズヴォリスキー外相に書面をもって連絡した。

精力的で影響力のある満鉄総裁〔後藤〕が、私と知りあった当初から述べておられたことがあります。それは、日露関係の発展にとってもっとも大切なことは、商取引の実務的基礎と通商上の信用構築であるということです。最近調印された協定〔一九〇七年七月二八日（七月一五日）調印の通商条約と漁業協約〕は、後藤が簡単でなく、これまで経験されたことのない道〔上記実務的基礎と信用の構築〕に進むことを容易にしました。まさに実際、彼自身が指導し、この協定が調印されたものであると、彼は信じています。その結果、後藤は、日本にこれほど歓迎された両国接近がたんなる政治的約束に終わらず、より実務的で特別な関係、相互利益の構築のため

の基盤として役立ちうることを、時間をかけずに証明したいと願っているのです。(16)

後藤がとった基盤強化のための第一歩は、鉄道用のレールをロシアに発注することであった。最初に発注したのは、満鉄用のレールであった（満鉄は、ロシアの広軌方式から日本の狭軌方式への変更を決定していた）。この取引が成功したら、あらゆる官営鉄道にもこれを適用したいと考えていた。日本のレール生産は一九〇一年に始まったばかりで、当時は日本の需要の半分以下しか賄いえなかった。後藤は、公使に伝えた。最初は情報収集のため自分の部下をロシアに派遣する。翌年二月には自分自身がロシアへ出向き、「二週間ほどモスクワに、そして二〜三ヵ月間サンクトペテルブルクに滞在する」。そしてこのやりとりを館内でも極秘扱いとするよう要請した（バフメーチェフはこの要請を受け、自筆による個人書簡を外相宛てに出すにとどめた）。これが事前に漏れると、ロシアの工場主はもちろんのこと、ロンドン、ベルリン、ワシントンにおける外国の競争相手が価格の釣り上げの挙に出るのが目にみえていたからである。

以上の提案をバフメーチェフに伝えたのは、後藤自身のイニシアティブによるものではなかった。そのことを証拠立てる書類がある。それは、ロシア大蔵省の駐日特別顧問（代表）グリゴリー・ヴィレンキンの発想であった。一〇月一五日（一〇月二日）、バフメーチェフの書簡が出される一ヵ月前、彼は上司であるココフツォフに詳細な報告をおこなっていた。

ロシアの対日輸出の増進のためには、今が絶好の好機です。以前に申しあげたように、ロシアと接点がある日本の政治家たちにこの点について関心を向けさせることが肝要です。なかでも、私が第一に選ぶのが後藤男爵です。…彼は、満鉄の総裁に任命されて以来、あらゆる機会を使って、われわれにたいする好意をしめし続けています。私は、後藤男爵との個人的会話のなかで、調印された条約の正当な評価は、両国が条約を実行し、両国が相互にそれが利益だと納得したときに定まることを指摘しておきました。

もしロシアが日本商品の輸入のみに終始するのであれば、結局、両国の将来にわたる通商関係の広がりは期待できません。ロシア商品の日本への輸出増大にも配慮する必要があります。この点、後藤は、満鉄の総裁ですから、ロシアからの輸入増を実現できる立場にいます。目下、満鉄は、幹線に沿って複線を建設中であり、近い将来、奉天―安東広軌線、またはその代わりに、安東―大石橋間の鉄道敷設に着手する計画をもっています。これら線路の建設には多くの量のレールが必要であり、ロシアと直接的な貿易関係を結ぶまさに絶好の機会です。じつに、アメリカや英国の工場への注文と並行して、これら外国の工場と遜色のないロシアのレール圧延工場にたいして、その一部を注文する機会が到来しています。

後藤男爵は、互恵こそが通商関係の発展にとって不可欠なことであると私が述べたことにたいして、全く同意見であると明言されました。そして、男爵はロシアの工場がアメリカや英国の工場と競争できるものかどうか分からないとつけ加えました。「手元にあるロシアの工場の資料でよい」との所望でありましたので、それらをさしあげ、「数日後に、ご質問にたいする回答を申しあげる」旨を約したのであります。そして、昨日のことでありますが、後藤男爵から私にたいして、数人の「元老」諸氏と本件について話しあってみたところ、彼らは自分とまったく同じ考えであったとの連絡がありました。後藤男爵は、二月末にロシアに行くことを決めたようです。まさに、後藤男爵自身がロシアの工場を自分の眼で御覧になって、もし条件が整えば、ロシアの工場にたいし満鉄および日本の官営鉄道のレールの注文を出すためであります。後藤男爵は私にたいして、自分のロシア到着まではできるだけ秘密裏にしておいて欲しいと言われました。というのは、外国のマスコミが知ることを恐れているからです。後藤男爵は明らかに英国のマスコミや工場主たちからの攻撃を恐れているのです。じつは、満鉄の近時の借款は英国で実現したにもかかわらず、最近の発注のほとんどがアメリカの工場向けであり、英国で得た金がアメリカで費消されているという理由で、日本は非難されています。(17)

公使に向いほぼ逐語的にヴィレンキンとの話を繰り返した後藤を、鼓舞した張本人が誰であるかは明らかである。

バフメーチェフは、上述の一九〇七年一一月一五日（一一月二日）付の書簡のなかで、さらに次のように記している。

後藤男爵は少なからず苦労されました。山縣や桂といった若干の元老たちの偏見を打破する必要があったのです。が最終的には、彼らの同意を取りつけることに成功しました。英国は日本の同盟国である以上、全ての注文を独占する権利をもち、極端なことをいえば英国の同意なしに他国に発注することなどは許されないと考えていたのですが。

イギリスは、一九〇二年、日本と同盟を「結んでやった」のだから、自分たちにたいする通知や了解なしに日本は何事もしてはならない。いわんや、国家発注でロシアを選ぶことなどはあり得ないと考えていた。アメリカもまた、満州の動きを注意深く見守っていた。後藤は、山縣や桂を、ロシアの敵対者、ロシアとの良好な関係の効用を説得すべき相手としてよりも、将来の成功の鍵を握る影響力が大きい「大陸主義者」とみていた。彼らは、後藤の路線を支持した。

書簡の次の結びの部分は、注目に値する。「日本も、また日本と関係をもつすべての人々も、長らくの間後藤を重視せねばならないであろうと思います。後藤新平は、日本を代表する為政者である伊藤公爵が突然この世を去った今、その親露政策の精神的継承者となることを志したからです」。この点についての公使の後藤評価は、無条件に正しかった。だが、伊藤はあまりにも突然にこの世を去った。だから、後藤はしばらくの間、桂の「右腕」としての役割に甘んじなければならなかった。

ココフツォフは、東京から送られてきた書簡に接し、日本側の提案に興味をそそられた。病気のために、後藤は、当初計画したとおりの一九〇八年初めにはロシアに行くことができなかった。しかし、計画が断念されたわけではなかった。バフメーチェフ公使は、後藤の訪露がすでに決定していた一九〇八年四月一七日（四月四日）、イズヴォリスキーに宛てて書いた。

後藤男爵は、その個性、叡知、エネルギーによって、満州にかんする諸問題についてもっとも影響力が大きい日本の政治家の一人です。後藤男爵のサンクトペテルブルク訪問で、東支鉄道や満州におけるロシアの事業の利益、また政治協定、通商条約、漁業協約の締結により形成される対日関係のさらなる強化のために、我々はきわめて大きな利益を享受できるものと確信します。(18)

四月一六日（四月三日）、ココフツォフは、交通大臣ニコライ・シャフガウゼン＝シェンベルク・エク・シャウフス（文書には単にシャウフスと署名）に宛てて、詳細に書き送った。

皇帝による極東派遣の三等官シーポフが昨年訪日したときのことですが、彼は私人として日本を訪れたにもかかわらず、とくに丁重にもてなされました。シーポフにたいして、ロシアに友好的な一連の歓迎行事や招宴の機会が設けられたほか、随員を含め南満州と日本における快適な鉄道旅行が提供されたのです。三等官シーポフの訪日後、最初に訪露する日本の高官が後藤男爵であります。男爵が自国で得ている評価を考えますと、私は、ロシアと日本との間に存在する友好関係と、くわえて満州における私どもの鉄道と日本の鉄道との間の隣人関係にふさわしい親愛の情をもってお迎えすることが当然であろうと考えます。そこで、ペテルブルクへの最高の快適な旅を後藤男爵に保証するために、私は、東支鉄道理事会にたいし、寛城子以遠につき、彼と随行員にたいして公用車輌を提供すること、同時に鉄道旅行の期間中万全の注意と行き届いた配慮をすることを要請しました。閣下におかれましては、ハルビン発サンクトペテルブルク着の急行列車の通行許可についての同意を拒絶されませんように、予め衷心よりお願いをしておくことが私の義務であろうと考えます。(19)

一九〇七年一一月、私的訪問の形で、前大蔵大臣イワン・シーポフが日本に滞在中であった。彼は、温かくもてなされたのみならず、明治天皇への拝謁を含む栄誉を受けた。満鉄総裁をシーポフに劣らず厚遇することが決められた。一二月七日、東京からベルギー公使アルベール・ダヌタンは、次のように報告した。

シーポフは、主に実業家や銀行家たちと接触した。日本の成功にたいする賞讃を公の場で数回にわたって言及した。日露両国間にはもっと緊密な関係があって然るべきであるとのべた。自分の訪問の目的は両国の利益の一層の拡大である。しかし、露日間に現在存在し、かくも急速に確立されつつあるすばらしい関係は、どの程度現実的なものか。どのくらい長続きするものなのか。日本政府は、ロシアの約束を信用している。この点から日本政府は、多くの流血と資金を必要とする新たな侵略を懸念していない。どのような合意にもとづいて、天皇の政府［日本の］がロシアを信頼することになったのかは知るところではない。しかし、信頼すべき筋によれば、そのような信頼関係が存在しているという。[20]

訪問の成果はペテルブルクでも肯定的に評価された。ロシア外務省は東京での積極的な活動が不十分であることに不満足だったために、そのようなバフメーチェフの後継者候補の一人として、シーポフの名前が取沙汰されるようにさえなった。

■ペテルブルク訪問

後藤は一九〇八年四月二一日に東京を出発し、五月一三日（四月三〇日）ペテルブルクに到着した。[21] ロシア帝国の首都で、彼はココフツォフ、イズヴォリスキー、シャウフス、ストルイピン首相と会見し、彼らと二国間関係の発展の見通しについて議論した。さらに、国立銀行、国立印刷局、リガにある二つの貨車製造工場を訪問した。五月一八日（五月五日）午後二時、彼はツァールスコエ・セローでニコライ二世の謁見を受け、その後、皇帝から白鷲勲章を受けた。

後藤にたいする歓迎は素晴らしかった。まさに、単なる外交的儀礼またはロシア的な接客方法とは一味も二味も異なるものだった。言葉を大切にし、いや言葉より実践を重んじる満鉄総裁がロシアを訪問するに当たり手ぶらで来るはずがなかった。四月二一日（四月八日）、すなわち彼の到着前に、イズヴォリスキーは、大連の領事ニコライ・ロスポポフの報告をココフツォフに通報していた。

日本人は、南満州において外国の企業家たちと激しく対立しても、何の得にもならないことをよく知っています。彼らは、一定の譲歩はやむを得ないと考えています。……このような日本の傾向は、われわれにとり若干の意義を提示します。というのも、大きな利益は日本に落ちることになりますが、その一方でロシアにとっても、これまで閉鎖されてきた南満州市場へ進出できるというある種のメリットが生じることになるからです。(22)

交渉の詳細は、公開されなかった。そのために、マスコミの憶測記事が飛び交うことになった。とくに、毎年一七〇〇万ルーブルにものぼる損失をもたらしている寛城子——ハルビン支線の売却問題が憶測の対象となった。新聞はこぞって「巨額での売却」を書きたてた。「財務的側面からみれば、この支線は売却すべきである」と、ペテルブルクの『ルーシ』紙は書いた。「歓迎したいが、ロシアの極東政策の観点からすると、はたして賢明と言えるだろうか」。『ルーシ』紙に対抗して、『モスクワの声』紙が、すぐに応酬した。「戦略的視点に立つと、ロシアはアムール線を欠くなかで、当該支線を失う。その支線の売却は無思慮以外の何ものでもないだろう[23]」。外国でも、懸念が表明された。駐奉天総領事アレクサンドル・グルシェツキーは、四月二九日（四月一六日）、ロシア外務省に打電した。

もし、じっさいにこの路線売却の提案がなされたら、中国は喜んで買い取るでしょう。…「中国人の考えによれば」日本による路線の買取りは、日本の青島に対する要求と同様に、ウラジオストックやアムール河沿岸地域を結ぶロシアの交通路に近づくという戦略的な意義をもつことになります[24]。

イズヴォリスキーは、同僚にたいして各自の立場を明確にするよう要請したあと、若干の報告をつけて領事の電報をココフツォフに転送した。「後藤男爵がペテルブルグに向けて出発されたので、鉄道問題に対する中国の強い関心は下火となるでしょう[25]」。五月七日（四月二七日）付の大蔵大臣の回答は、明快であった。「噂話は全く根拠のないものですが、念のため私から後藤男爵にたいして、寛城子―ハルビン支線は、たとえ誰にたいしてであろうとも譲渡するつもりがないことを説明するつもりです[26]」（傍点は引用者）。イズヴォリスキーも、またこの方針を堅持した。鉄道の譲渡は実現しなかった。この支線の扱いは、日本が執拗に買い取ることを欲し、次いで第一次大戦期の支援の見返りとしてもらい受けることを望んだために、この交渉はボリシェヴィキ革命まで日露両国の首都で議論され続けた。

ある「関係者」たち、たとえば国会議員のリボフ、駐中国大蔵省外交顧問のフォン・ホイエルは、もし東支鉄道に良い値段がつけられるのならば、完全に手放してもよいと考えた。一九〇九年一月一日、東支鉄道会社の国庫からの借財は、五億五〇五七万七三八六ルーブルに達していた。一九〇九年一〇月、ココフツォフは、国庫が東支鉄道に、毎年、二六〇〇万金ルーブルを出費していることを認めた。ウラジオストック証券取引委員会も、当該路線を保有し続けることはアムール沿岸地域の経済や貿易に損害をあたえ続ける、と率直に述べた。(27) 一九一六年になって、経済的、戦略的に代役が務まるアムール鉄道の建設が完了したとき、東支鉄道売却の話が再燃したが、当時は支持する者はなかった。

後藤の訪露は、無益ではなかった。レールの発注が成功裏にできたことは、東京にいる外交官やビジネスマンたちの関心を引かずにおかなかった。もっと重要なことは、後藤が、ロシアの大臣や多くの実力者たちと個人的に知り合うことができたことであった。後藤は、実務的な——この言葉のもつすべての意味における——人間として、外交ルートをあまり信用せずに、国内外を問わず、各界の実力者たちとの接触を好んだ。

一九〇八年五月一九日（五月六日）、東支鉄道理事会と露清銀行がペテルブルクの最高のレストランの一つであるカメノストロフスキー通りの「エルネスト」で、客人のために正餐会を催した。

列席者リストによれば、後藤を迎えて、前首相セルゲイ・ウィッテ伯爵、現職の首相ピョートル・ストルイピンにはじまり、ロシアの官界、実業界のほとんどすべてのトップ層の人々が参列した。(28)

外務省の出席者は、以下のとおりであった。前駐日公使のアレクサンドル・イズヴォリスキー大臣。次官ニコライ・チャルイコフ。任命されたばかりの駐日大使*の宮廷人事長官ニコライ・マレフスキー・マレヴィッチ。前ポーツマス講和会議ロシア代表団書記で近々駐中国公使に赴任予定のイワン・コロストヴェッツ。法曹界の長老で国際法の専門家フョードル・マルテンス。著名な歴史家・古文書家セルゲイ・ボゴヤヴレンスキー。大蔵省からは次の人々。大臣ウラジーミル・ココフツォフ。駐日特別顧問（前アメリカ駐在）グリゴリー・ヴィレンキン。信用局長レオニード・ダヴィドフ。商工務省からは、一一名が出席した。その中には、イワン・シーポフ大臣、彼の次席で有名な化学者ドミトリー・コノヴァロフもいた。その他、交通大臣ニコライ・シャウフス、国立銀行総裁セルゲイ・チマショフ、東支鉄道理事長アレクサンドル・ヴェンツェリ――これらの人々が、出席した。

＊一九〇八年五月一日以降、公使館のステータスを大使館に両国相互に格上げした。

彼らは、ツァーの「股肱の臣」たちであった。日本からの賓客との会合において、私的ビジネスも積極的に話し合われた。一九〇六年に国家評議会メンバーとなった「商工業界」を代表するほとんど全メンバーに案内状が出された。証券取引・農業代表者大会評議会議長、元高級官僚として有名なワシーリー・ティミリャーゼフ。ロシア企業家大会評議会議長のニコライ・アヴダコフ。モスクワ取引所委員会委員長のグリゴリー・クレストヴニコフ。サンクトペテルブルク取引所委員会委員長のアレクセイ・プロゾロフ、産業発展促進ペテルブルク協会議長のスタニスラフ・グレズメル。露清銀行頭取のアレクセイ・プティロフ――これらの人々宛てだった。理由不明だが、リストには、同行取締役会長であるエスペル・ウフトムスキー公爵の名前が欠如していた。国会を代表して、防衛委員会議長アレクサンドル・グチコフと予算委員会議長ミハイル・アレクセエンコという最も影響力の大きい二人のオクチャブリストをはじめとして六人が出席した。招待されたが、理由不明で出席しなかったのは、以下の人物だった。前駐ソウル総領事ゲオルギー・プランソン、大蔵次官ニコライ・ポクロフスキー、土地整理・耕地局長ボリス・ワシリチコフ公爵、銀行家アレクサンドル・ヴィシネグラツキー、有名な「黄禍論」の信奉者で反日主義者の沿アムール総督パーヴェル・ウンテルベルゲル。

パーティでは演説と祝杯が繰り返しおこなわれた。五月二一日（五月八日）付の『サンクトペテルブルク報知』紙によれば、後藤の答礼挨拶は、上流社会にありがちなお愛想の範囲を越える特筆すべき内容のものであった。

日露両国は、緊密な親交をもたなければなりません。このことは、日露の地理的関係が教えているところです。日露の地理的な関係はじつに身近なものです。それにもかかわらず、これまで、鉄道手段が欠如していたために、両国はこの目的を達成することができませんでした。

今ここに、強大国ロシアのおかげで、ヨーロッパとアジア間の迅速な直通の交通を可能とする手段を入手するにいたりました。両国はすでに緊密な接近をはじめていますが、さらなる一歩として隣国同士が衷心から手に手をとりあうべきです。これこそが両国民のためばかりでなく、全世界のためになることであります。私どもは鉄道国際線の運行にかんしては未経験であります。経験をもち、高い能力をもつロシアの皆様方に教えていただく必要があります。きわめて好意に満ちた心からの歓迎に接し、強大国ロシアが全世界の幸福の増進を願っていること、骨身を惜しまずに私どもに教えてくれるであろうことを、よく理解することができました。皆様の温情がなかったら、このようなレセプションは無理だったでしょう。衷心から感謝申し上げます。鉄道と銀行は、商工業発展にとって、車の両輪のように不可欠なものであります。閣下がおっしゃったとおり、露清銀行は、極東における商工業の中枢神経のひとつであり、両国の緊密な経済関係の開花のために、きわめて大きな意義をもっています。友好的に協力することにより、輝かしい結果を見出すことは何ら難しいことではないでしょう。私と私の同伴者たちは、まず、私どもに対する友好関係を継続してくださること、また、さらに多くのことを厭わず私どもに教えてくださいますことを、心からお願いするものであります。繰り返しますが、皆様のご理解とご支援こそが、極東のみならず全世界の幸福のために大きな意義をもっているということであります。皆様の御歓迎に対し心からの感謝の意を表し、お互いの誠実な仕事の成功、そしてご列席の皆様方のご健康とご幸福のために乾杯をしたいと思います。[29]

一日前の五月一八日（五月五日）の昼間、大蔵大臣ココフツォフの邸宅で後藤のための歓迎会が開かれた。ココフツォフは、後藤を二国間協力の実力をもつばかりかその首尾一貫した推進者として、後藤を列席者を前にして、次のように讃えた。

男爵を駆り立てている熱意に私どもがどれほど共感しているか。ひとこと触れさせていただきたい。男爵は、みずからが豊かな才能と実績をもって指導してこられた重要かつ複雑な企業「満鉄」の経営をしばらく横に措いて、お疲れになる旅に出られました。私は、かかるあなたの思いの背景には、とくに極東において鉄道からの利益を土台にして、日露間の接近を経済的利益全般にわたって促進したいとの願望をおもちであると確信しております。そのための基礎がかくも成功裡に据えられているのは、日本の大使として尊敬すべき本野〔一郎〕男爵のような傑出した経験豊かな代表者がいらっしゃるおかげであります。私は、後藤男爵に、わが祖国やその商工業の実情を知っていただくことが、日露通商関係の発展と強化、その取引の拡大と両国の産業のために役立つことを衷心から願うものであります。経済と文化の時代にあって、国家間の通商産業関係は自国の福利の発展に資するのみならず、平和と相互の友好関係の保障となるのです。(30)

後藤は、次のように答えた。

私が満鉄の総裁のポストを引き受けたときに、心から信じていたことがあります。満鉄は短い路線であっても、ロシアの鉄道と協力することにより、全世界の鉄道の主要路線とひとつの環になって役立つことができるであろうということです。私はそのときすでに、大ロシア帝国に赴き、国際鉄道の経験豊かな貴国に学ぶことを心に決めていたのです。私は、愛すべきロシアに少くとも数ヵ月間滞在したいと心から願っています。それは、ロシアを知り、ロシアの商業や工業や芸術を知るためであります。自分の同胞たちにこのことのすべてを伝えるためでもあります。しかし現時点では、誠に残念ながら、諸般の事情が私に長期滞在を許してくれそうもありません。ここで、心に誓ってご列席の皆様に申しあげたいのですが、私は必ず再度訪問させていただきたいと思っています。このことを、繰り返し申しあげたい。ロシアを知り、その商工業を知ることは、日露通商関係の発展と強化に必ず役立つと考えます。国際的友好関係は概して外交条約や種々の手続きいかんで決まりますが、それで十分というものではありません。条約の精神を実現することが絶対に必要であります。さいわいなことに、昨年、日露協商が締結されました。まさに、本当の経済関係なくして、国家間の友好的関係は存在しない時代となったのです。したがって、私は、日露鉄道間の連携とともに、日露の通商関係の発展と強化を図ることを心から願うものであります。これは、隣国同士だけのためばかりでなく、全世

界の幸福のためであります。(31)

■訪問の成果

主たる諸問題が解決されたのは、もちろん実務的な協議の場であって、パーティーの席上ではなかった。その内容は、残された文書が不十分なので、我々は知りえない。五月一六日（五月三日）、後藤は、東支鉄道在ペテルブルク幹部ヴェンツェリとの間に極めて重要な協定を締結した。（東支鉄道会社の定款にもとづき中国代表に割り当てられている理事長ポストは、一九〇〇年以降空席のままだった。現場における鉄道の直接指導は、ハルビンに常駐する理事がおこなっていた。このポストは一九〇二年から一九一八年までの間、ドミトリー・ホルワート将軍がずっと占めていた。）

協定の内容は、次のようなものだった。

1. ヨーロッパ、アジア、米国の間における交通大動脈のひとつとして、南満州鉄道と東支鉄道との直通連絡をおこなうこと。
2. 大連――ロシアからヨーロッパへの門戸として――に必要な設備を十分なものにすること。
3. 第一の目的を達するために、東支鉄道会社は当分のうち、毎週二回イルクーツクより寛城子まで、寛城子からイルクーツクまでの急行列車を運行し、ウラジオストックとモスクワ、ペテルブルク間を走る急行列車に直接連結させる。ハルビン、寛城子の鉄道を改良し、ウラジオストック―ペテルブルク間の路線に劣らない一等および二等客車を設備すべきこと。

4．両鉄道は、無用の競争を避けるために、「タリーフ」協定をなすべきこと。

5．以上の要件にもとづき、「タリーフ」その他についての詳細な事項を協定するために、東支鉄道会社はハルビン駐在の同会社職員のなかから全権委員を指定し、南満州鉄道会社は大連において同委員を任命し、至急協議をおこなわせること。

さらに、海陸共同運輸連絡等については、陸上交通機関の完成や旅客および貨物の増加をまって、さらに協定すべきこと。(32)

後藤は、六月一五日に帰国した。訪露の成果に満足し、イズヴォリスキーとココフツォフの助力と歓待に心から感謝した。(33) バフメーチェフは、みずからの公使任期の切れる直前の六月一三日（五月三〇日）、以下のように報告した。

ロシアでの後藤男爵にたいする尊敬とツァーリ直々による大勲章の授与は、鋭敏な自尊心をもつ日本人の心をくすぐるものでした。日本国民、とくに日本の金融界や貿易業界に大きな反響を巻き起こしました。日露両国の政治的接近により、両国間で直接の――もはやドイツや中国の仲介抜きの――貿易が開始されました。日露両国の勘定を用いて稼ぎながらも当の両国にいかなる利益ももたらさなかった仲介が今後は不要となることが期待されました。誰もが、交渉は重要な点で友好的に合意に達し、北満州とシベリアを通過する商品移動も短期間で急増するであろうと期待しています。

同公使は、その結語部分で次のことを強調することを忘れなかった。「後藤男爵によるロシアへのレールの発注は、西欧やアメリカの産業保護から脱却し、ロシアと直接取引をしたいという彼の強い願望の表れであります[34]」。これは、交通といった枠組みを通り越し、地政学の領域へ踏みこむ態度であった。

満足したのは、訪問者のみではなかった。同年七月、桂は、第二回目の組閣を命じられ、後藤に逓信大臣の椅子を用意した。ココフツォフはすぐさま東京に祝電を手配した。後藤は、大臣の職に就くことを承諾した。その絶対条件として、満鉄を関東都督府から自分の逓信省管轄下に移管することを提議し（植民地台湾や保護国朝鮮の鉄道は植民地当局〔台湾総督府、朝鮮総督府〕の管轄）、内閣機構で首相個人に従属する鉄道院の創設に成功した。後藤は鉄道院総裁に就任し、満鉄総裁には、後藤時代に副総裁をつとめ信頼の厚かった中村是公が就任した。

成り行きからみて、日露関係強化は必然となった。後藤訪露前の一九〇八年三月二日（二月一八日）、ロシアの駐北京公使ドミトリー・ポコチロフがイズヴォリスキー宛てに書いている。「ロシアと日本との間では、行動についての完璧な同意ができているので、満州問題にたいする局外者の干渉は問題の推移に何ら影響をあたえることはできない[35]」。

その当時、バイエルン邦国の駐日武官であった「地政学の父」カール・ハウスホーファーは、ベルリン―ペテルブルク―東京を枢軸とする大陸列強間の協力の徹底した支持者のひとりとして、とくに後藤に注目していた。彼は、後藤の次の言葉を繰り返すことを好んだ。

ロシアのトロイカを思い浮かべて欲しい。トロイカの橇のうえには、シベリアあやめが飾られた大きな弓形の馬具がついている。その中央には、剛毅な、荒々しい、癇癪もちの子馬が走る。しかし、右と左から、真ん中に若駒を挟んで二頭の馬が走る。トロイカはこのようにして走るのだ[36]。

第二章　日露両帝国の同盟に向けて
――経済から政治へ

■ハルビンにおける悲劇的事件

第二次桂内閣の逓信大臣となった後藤新平がもっとも力を注いだのは、国有化が完了されたばかりの鉄道事業再編であった。しかし同時に、ロシア関係の仕事の手も緩めず、一九〇九年の元老伊藤博文と大蔵大臣ココフツォフのハルビン会談実現に向けての準備を進めた。

日露戦争は、ロシアとのパートナーシップが不可欠であるという伊藤の信念を変えるどころか、強めるものとなった。一九〇四年、東京で宣戦が布告され、出国することになった駐日ロシア公使ロマン・ローゼンにたいして、伊藤は別れの言葉を伝えた。「両国の戦争状態のなかにあって個人的には別れの挨拶をおこない難いが、自分は最後まで平和を願って全力を尽くしたし、近い将来両国が再び友好関係に戻ることを願っている」と。初代駐ペテルブルク日本公使を務めた榎本武揚も、高齢の病躯をおして郊外からローゼンを訪ね、別れの挨拶をおこなった(1)。

一九〇九年一〇月二六日、ハルビンにおいて、極東と東支鉄道の視察旅行を終えたココフツォフと伊藤の会見が実現する手筈となった。ニコライ二世が彼に現地視察を命じた裏には、ふたつの申し立てにかんして調査の必要があったからである。ひとつは、沿アムール総督パーヴェル・ウンテルベルゲルからの、極東を脅かす「日本の危険」についての至急便による申し立て。もうひとつは、「国庫は沿海地方の防衛強化のためのクレディット供与を考慮せず」にたいするするウラジーミル・スホムリノフ陸軍大臣による不満の申し立て(調査の結果、いずれも根拠のないものであることが判明した)。ココフツォフの視察旅行のことを知って、本野一郎大使は日本へ足を延ばすように説得したが、多くの理由から不可能と判明した。東京では、三回目の枢密院議長になったばかりの伊藤博文を満州に派遣して、ココフツォフを歓迎する構想が練られていた。尊敬すべき元老は、失敗に終わった一九〇一年のペテルブルク訪問を思い起こし、今度こそはとの思いを抱いたに違いない。まさに、出発前にはロシア大使マレフスキー・マレヴィッチに向い、旅行中には随員たちに向い、そのような思いを口にさえした。「私はロシア人が好きです」というロシア語を覚え、ハルビンへ向かう途中それを機会があれば口にした。

ココフツォフは、東支鉄道が用立てた特別車輌に日本の老公伊藤を温かく迎えた。しかし、交渉は開始されなかった。韓国政府や日本統監府の代表者たちが待ちうけるプラットフォームの出口で事件が起こった。伊藤は朝鮮人の急進的民族主義者によって、至近距離から銃撃されたのだ。ココフツォフは補佐官とともに伊藤を客車に運び入れたが、伊藤は間もなくそこで息を引きとった。ハルビン会談は、多くの憶測を生んだ。二人の高官はいったい何を話し合うつもりだったのだろうか。お互い何を語りあえたのか。このような話題でもちきりだった。ココフツォフは、挨拶のあとで伊藤がのべた最後の言葉を記憶している。

さきに閣下が東支鉄道視察のために満州にこらるる予定なりと聞くや、従来日露間において利害の相抵触する問題のおこるごとに、公平かつ賢明なる態度をもってその措置にあたられたる閣下が、もしその旅程を日本まで延長せらるるならば、両国の親交に資するところ多大ならんと思いしに、議会会期切迫し、公務多端なるため、その事の行われざること判明せしにより、わが政府は予をして満州において閣下を迎えしむるにいたりたるなり。

公は、続けた。

予は種々の事柄につき、おって閣下と懇談いたしたしと思う。もっとも予の意見は貴国皇帝陛下にご不満をあたえ、もしくは貴国にとって不利益なるがごときものにあらざることをあらかじめご承知をこう(2)。

伊藤暗殺は、ロシアで不安の混じった、心からの同情と哀悼の念を呼びおこした。悲劇は東支鉄道の用地内で起こった。そこは中国から租借したものであっても、ロシア領とみなされていた。しかし、ロシア側との元老の会見を準備した日本の領事は、事件を自分の責任と受けとめた。両国間の関係が悪化することはなかった。総督ウンテルベルゲルは東京からの戦争布告がすぐにもなされることを恐れていたが、数日後に会ったココフツォフがそれを払拭した。ロシアの各紙は、故伊藤を読者に想起させた。「もっとも傑出した人物のひとり」、「日本の最も著名な政治家であるばかりでなく、日本海の向こうの数少ないロシアの友人の一人」である、と。[3] 各紙の賛辞を文字通りに信じないこともできるが、日露戦争の直後ソウルの総領事館に勤務した外交官パーヴェル・ヴァスケヴィッチは回想している。「私は、韓国居留民として証言するのですが、伊藤公爵は…プランソン総領事とのたびたびの会談のなかで、…将来の日本はロシアとの緊密な協力と友好関係を基盤にしたものでなければならない、と強調されていたようです[4]」。

後藤は、「日本第一級の政治家」の事業の後継者たらんと欲していた。伊藤の死で、協力の話はもちろんのこと、ココフツォフやウィッテの東京訪問、前首相大隈重信のペテルブルク訪問の話がまことしとやかに話されるようになった。一一月一八日（一一月五日）、マレフスキー・マレヴィッチは報告した。「各紙とも、党派的色彩の別を問わず、日露の満州における利害は一致しており、いっそう緊密な関係を樹立すべきとの論調となっている[5]」。

■ロシア大使との交渉

この至急電のほんの数日後、後藤はロシア大使に招かれ、大使との間で謎めいた話をした。後藤は、「胸襟を開いた話をしたいので、公式の提案としてではなく、信頼しあった私的な話し合いの場としたい」との条件をつけた。大使に向い、故伊藤公爵は、たんに友情や善意を誇示しようとしただけではなく、何よりもまず満州における日露鉄道用租借地にかんして中国にたいする共同行動の取り決めの交渉をしたかったのだ、と伝えた。

後藤は、続けて、直ちに解決を要する三つの具体的な問題点を列挙した。①東支鉄道・満鉄間の連絡の改善（直接の乗り入れはすでに実施されていたが、いずれも別々の料金表を作成していた）。②日本の絹の、オデッサ廻りの海路ではなく、鉄道によるロシアへの搬入を実現すること。これには、輸送期間が短縮できるというメリットがある。③満州における日露の共同行動にもとづく政治的緊密化。とりわけ、この最後の問題に特別な注意を払うこと。――これらの提案を報告した電報の余白に、ニコライ二世は、一二月一日（一一月一八日）付で「実行可能」と書き入れた(6)。その後も、大使は別の書簡で、上記のやりとりの内容を次のとおり詳しく記した。「私は質問した。共同行動とは具体的にどういうことか。満州問題にかんする日露両国の中国にたいする共同計画とは、いったい何か」と。後藤男爵は答えた。「これは政治的色彩の強い分野の話となるが、日露両国の鉄道用地にかんして、一定の共同歩調をとり、鉄道経営の管理上の指示、措置にかんしても合意しておくほうが互いに好都合であろう」[7]。

ペテルブルクからの公式の回答を待たずに、マレフスキー・マレヴィッチは、イズヴォリスキーに向い後藤の提案にたいする自身の考えをのべた。「これは、真剣に検討する必要があります。…日本の大臣から私に知らされることはすべてが、最重要の現実的利害に関係するという所見をのべるにとどめます」。彼は続けた。「時代の流れのなかで、日本はロシアとのさらなる緊密化へと動いています。一九〇七年の政治協定が、その具体化の第一歩であります。ロシアの極東政策の全行程にとって現在はきわめて重要な時期である、と私は考えます。対日関係は、損得いずれの道を歩むのかの転換点にさしかかっています」。ニコライ二世は大使の意見を受けて、一二月一八日（一二月五日）、イズヴォリスキーにたいして指示した。「後藤男爵の論点を大蔵大臣とともに検討せよ。近々、わが方から肯定的回答が提示されることが好ましいであろう」[8]。

後藤の「非公式」提案が半ば公式的であることは、次の事例で裏付けられた。長期休暇に出発直前の本野大使がペテルブルクで同様の提案を持ち出したからである。一二月八日（一一月二五日）付の電報で、イズヴォリスキーは、マレフスキー・マレヴィッチに次のとおり訓令した。「後藤によって貴下に示された提案につき、帝国政府としても、真剣に受け止め、慎重に審議を行う用意がある。後藤男爵を信頼して、このことを伝えてもかまわない」[9]。大使は、伝えたことを五日後に大臣に報告した[10]。

イズヴォリスキーに宛てた一二月二四日（一二月一一日）付のココフツォフの回答は肯定的なもので、二つの鉄道の無益な競争を未然に防ぐことを望むものであった。「後藤男爵の本提案はまったくもって、われわれ自身の努力に合致する。提案が公式になされ次第、その審議に入ることを妨げるものではない[11]」。

後藤とマレフスキー・マレヴィッチは、一九〇九年末までに、さらに少なくとも三回、すなわち一二月一三日、二〇日、二九日に話しあいをおこなった[12]。後藤は大使にたいし、桂首相は提案に賛成しているが、「問題の政治的側面はまことに複雑で、極めて慎重な審議が必要である」旨を伝えた[13]。山縣元帥は、マレフスキー・マレヴィッチに向いのべた。「日本の支配階級および社会のすべてのインテリ層は、国の経済力の平和的発展を願い、ロシアを敵対勢力としてではなく、むしろ満州で多くの共通利益を有する日本の自然の同盟者とみなしている[14]」。

一九一〇年一月二七日、後藤は一層詳細な提案をマレフスキー・マレヴィッチに書簡でしたためた。書簡は、後藤の考え方の典型的な見本として完璧なものであった。具体的かつ戦術的な目的の明確な認識が、情勢とその発展の見通しに関する戦略的ビジョンと有機的に結びついていた。

光栄にも閣下と先月から始めた信頼にもとづく話しあいを終えるに当たり、閣下にいま一度次の点に留意していただければと思うのです。すなわち、私のまったく個人的な提案は、商業や政治との相互関係において、ロシアと日本の友好を深化させることを主眼とするものですが、結局は、政治的性格を帯びることは疑いのないところです。そうなってこそ、初めてロシアと日本が、中国との関係で連携や協力をしながら、満州問題の解決に着手することになるのだと思うのです。

満州における喫緊《きっきん》の諸問題の解決は、両国のために役立つのみならず、きわめて著しい程度において、極東における平和の保障として役立つと考えます。ここで、私が以前わずかながら触れた若干の問題にさらに詳細に言及することをお許し下さい。

(一) ハルビン—寛城子支線運行の改善

本支線は、アジア大陸における日露両国の幹線鉄道網を繋ぐうえで重要であるばかりでなく、同時に世界交通の動脈を構成するものです。ご承知のとおり、現在、本支線は、貴国の主たる路線との比較において、多くの改善を要する状況にあり、欧州・北中国間を旅行する乗客から強い不満が出ています。これでは、両国政府間の関係があまりよくないととられかねません。その一方で、そのような間違った現状認識は、私の考えでは、両政府の仲たがいを目的とする、今日もなお存在する陰謀の原因ともなっています。東支鉄道が満足できる財政状態ではないことを考慮しますと、急行や寝台車の装備に関する乗客の要求をことごとく充足することもできかねることです。そのような状況にあって、貴国の鉄道当局が、国際寝台車協会の幹線用と同一の基準で急行や寝台車を本支線に運行させることについて、満鉄と協力関係に入ることができれば、私は満鉄が貴国の鉄道当局の監督の下でこの問題を早急に解決できるものと深く確信しているのです。

(二) 満州における電信業務問題

満州においては現在、日露の電報局間に直通ラインがありません。たとえば、ハルビンから大連に電報を送る必要がある場合、まずウラジオストック、それから長崎、大連の順に送信しなければなりません。そのような不便な状況は、南北満州間の商業取引の発展にとって本質的な障害をもたらしていると考えられます。このような事態もまた、満州における日露両国の良好な接近に役立ちません。このため、日露両国ができるだけ早く、満州における日露間の電信の統合についての協約を締結することが不可欠であると考えます。もちろん、中国政府は、政治的理由から、また、セベルナヤ(北)電信会社は、現在得ている収入を失うことになりますので、かかる日露協定に激しく反対するでしょう。しかし、もし両国が十分に連携するなら、両国政府はこれら二者と合意する方法を容易に見つけることができると思うのです。

(三) 日本製絹をモスクワに鉄道輸送する場合の特別料金の設定

わが国の絹輸出はこれまで長いこと、スエズ経由でオデッサに送り、そこから鉄道でモスクワに運ぶという経路をとっています。かかる海上輸送は長期間を要しますので、絹の輸出の発展は非常に困難な状況です。もし、絹がウラジオストックからモスクワへ鉄道輸送されるのであれば、目的地まで数週間で着き、輸出業者たちは〔借入金の〕金利をその分節約できることになります。鉄道運賃が船舶運賃より高くても、借入時点と金利を同一とすれば、その差額は相当程度補完されることになります。貴国の鉄道当局がわが国の絹のための特別運賃を設定することはもちろん望ましいことです。そうすれば、ウラジオストックは、これまで以上に、日露貿易にとって、より重要な役割を担うことになります。たとえば、絹・茶など日本の商品がより多くロシアに輸出されればされるほど、ロシアの商品もますます多く日本に輸出されることになります。そのうえ、わが国の絹の輸出が増大することにより、モスクワの絹産業が盛んとなり、リヨンと競争する可能性も生まれることになりましょう。

(四) 東アジア海域における露日海運会社設立

もし、日露が共同して大海運会社をつくり、ウラジオストック—上海航路を開設するならば、アジアの主要な港が海運で結ばれることになります。この計画はすでに長いこと私が温めてきたものです。じつは、二年前のペテルブルク訪問の際、有力者たちを訪ね、この点について意見交換をする予定でした。しかし、貴国政府が義勇艦隊に巨額の補助金を出す決定をしたことを知ったため、計画を断念した経緯があります。いまもっとも残念に思う点は、貴国の義勇艦隊とわが国の「大阪ショーゼン会社」［正しくは「大阪商船会社」］がウラジオストック—敦賀航路の争奪戦を始めたことです。これは両者の損失を別にしても、両国の友好にとって嘆かわしいことです。このような好ましくない競争を避けるため、私は、巨額な資本を持つ日露海運会社、あるいは両国の既存の海運会社のトラストなりを設立することを衷心から提案したいのです。そのときにこそ、私どもは東アジアにおいて海運を独占することができるのです。

以上述べたことは、まったく私の個人的な考えであります。その考えを私は全幅の信頼をもって閣下にお知らせするものです。[15]

後藤のこうした提案は、広範囲にわたる経済的・政治的諸問題についての公的な意見交換の道を開いた。すなわち、両国間の政治と経済の諸問題に関して幅広い範囲にわたる意見交換の公的な場が設けられることになったのである。後藤のイニシアティブを受けいれ、小村寿太郎と本野一郎が、一九〇九年一二月―一九一〇年二月の間、ロシア大使との間で頻繁に話を進めた。一月二一日、マレフスキー・マレヴィッチは彼らに「日本の提案に応じる共通の原則」を系統だてて簡明に表明した。

（一）満鉄とその附属地の現状維持
（二）中国と第三国に関する鉄道用地における中国と第三国に対する共同対応
（三）東支鉄道と満鉄の営業・運行を直結させること
（四）極東における領有と勢力圏の相互保障[16]

小村は、ロシア大使に同意した。そして、二月二五日の会談で、自分と首相は「日本とロシアの緊密化のための熱心な支持者」であると語り、次のとおり付け加えた。「桂侯爵が首相であり、日本の外交を動かしている以上、相互接近の土台が見出されるとロシア政府は信じてよいでしょう」[17]。丁度同じ頃、ニコライ二世は、イズヴォリスキーによる本野一郎との会談についての報告の一つに、次の決裁を書き込んだ。「私個人としては、ロシアがいま選択すべき道にかんして、まったく迷いはない。いまや選択すべきである。日本とのより緊密な協定を締結する。いずれにしても、いまや機が熟した。決定を延ばすべきではない」[18]。

■満州諸鉄道の「中立化」案に反対した日本とロシア

日露両国政府の間で、満州諸鉄道のいわゆる「中立化」問題についての活動にかんする合意が成立した[19]。

さかのぼれば一九〇五年の秋、アメリカの鉄道王エドワード・ハリマンが桂首相にたいして、ポーツマス講和条約にもとづいて、日本に引き渡されることとなった東支鉄道の南部支線（将来の満鉄）の買収の可能性を打診してきたことがあった。将来的には米国管理下の国際シンジケートが、ロシアに属する東支鉄道全体を買いとる。このことによって、満州における日露間のさらなる紛争を防止できるというのが、その理由であった。桂は最初この提案を受け、ハリマンと協定書を締結したが、当時ポーツマスに滞在していた小村寿太郎外相が反対論を唱えた。結局、日本政府はハリマンとの協定を撤回し、築き上げたばかりの対米関係を紛糾させることとなった[20]。

一九〇九年一月、アメリカの後押しを受け、中国はロシアに東支鉄道の買い戻しを提案した。しかし、ロシアは、アムール鉄道の建設が終了すれば検討するという口実を用いて、同提案を丁重に拒絶した。同時に、ヤコフ・シフをはじめとするアメリカの銀行家たちが東京にたいして、満鉄購入の可能性を打診してきた。しかし、桂内閣からの返答は断固としたものであった。「日本は満鉄を売却するつもりはない。アメリカは今後この種の活動をしないようお願いしたい」(強調点筆者)というものであった[21]。

一九〇九年一一月六日、アメリカ国務長官フィランダー・ノックスがイギリスの外相エドワード・グレーに宛てて、「満州諸鉄道の中立化」にかんする新しい提案を送付した。

(一) 利害関係を持つ列強は、中国に大規模な国際的借款を供与する。

(二) 満州の諸鉄道は、専門家の管理下におかれ、一定の手続きで中国にその所有権を移す。…

(三) 所定の期間における債務の返済を確実にするために、長期貸付とする。…

(四) 借款に参加している諸列強の国民は、債権が存在する全期間にわたって鉄道を監督する権利を有する。借款供与国の政府は、その期間中、自国の国民および商品のための通例の特典を同等に享受する[22]。

もし計画がロシアか日本、または両国からの同時の反対にあって不可能となる場合には、諸列強が錦州・愛琿鉄道計画案の実現に尽力することとなる。それは、日本の利益を害することとなる。

グレーの回答は、婉曲ではあったが、否定的なものであった。「覚書をイギリスに送る一方、満州の諸鉄道に大きな利害関係をもつ日本とロシアにたいして送らなかった。これは、少なくとも不手際であった」[23]。いわゆる「湖広鉄道借款」と呼ばれるより喫緊の問題が最終的に解決されるまで「中立化」案の検討を延期し[24]、ロシアと日本を錦州―愛琿線の建設に引きこむことを、提案した。しかし、ノックスはこれに動じなかった。一二月一四日、彼は、ペテルブルク、東京、パリ、ベルリン宛てに当該計画を送った。

ドイツの回答は、肯定的だった。日露同盟の形成を恐れていたからである。ウィルヘルム二世と宰相ベルンハルト・ビュローがオープンに語っていたとおりであった。ウィルヘルム二世は、イギリスがそのような計画を支持したことを知って驚いたが、すぐにこの情報は正しくないことに気がついた。フランスは、二月四日、「中立化」に反対を表明した。ロンドンとパリは、自分たちの同盟国である日本やロシアにたいして、ノックス案に同意するよう圧力をかけることはできないことを分からせようとした。支持を表明したのは、中国だけであった。より正確に言えば、中国の親米派エリートのみであった。

ノックス提案は、最初からペテルブルクのイズヴォリスキーの気に入らなかった。日本の膨張に反対し、係争中の諸問題の友好的な解決のためにはアメリカの協力が不可欠である。（中国びいきで有名な）アメリカ大使ウイリアム・ロックフェラーが、このように請けあったにもかかわらずであった。大臣の考えは、次のようなものであった。

アメリカの好意的な参加のもとで〔ポーツマス講和会議の斡旋のこと〕、南満州において現在の独占的状態を獲得した日本が譲歩するのは、極めて強い圧力下においてのみであろう。他方、ロシアは、自分の投じた資金を回収できるわけでもない。満州支線の中立化が、ロシア極東辺境の安全を増大することとはならない。日本は、圧力をかけられて満州を失い、ロシアに代償を求める。ロシアはこの場合、北米またはその他の列強の積極的な支援を期待することはできない(25)。

イズヴォリスキーの外交の中心は、ヨーロッパだった。アジアでは一〇〇パーセントの安全が保証されることを必要とした。ロシアは損失と危険を孕んだ冒険にはまりこむことを、賢明にも拒絶した。

ロックフェラーは、一二月二九日(一二月一六日)、イズヴォリスキーに覚書(メモランダム)を手交した。一月一二日(一二月三〇日)、閣僚会議がその覚書を審議し、ロシアにとって例外的に重要であるとの理由で、東支鉄道「中立化」案を拒絶する決定をおこなった。錦愛線の建設計画を審議し、必要な情報を求めることも決定された。一九一〇年一月二一日(一月八日)、会議で決定された内容はアメリカ大使に伝達された(26)。

同時に、大蔵省代表フォン・ホイエルは北京から自分の考えを送信した。ノックスの二者択一の提案に思いをめぐらせ、彼は問題点を明確に整理した。「英米組に対抗して日本と手を組むべきか。あるいは、英米と組んで日本に対抗すべきか」。錦愛線問題でも、「英米は二股膏薬の態度をとり、わが国と日本の双方の気を惹こうとした」。なかんずく、「露清銀行を通じて、全ての取引にたいする融資を約束した」。フォン・ホイエルは何よりもまず消極的にならぬように訴えて、次のように付言した。「もし、私たちが何も決められなかったら、結果は、二〜三年後にロシアの参加なしに、斉斉哈爾《チチハル》、愛琿まで、さらにはモンゴル…までの支線が出来上がるだろう」。最終的な結論を出すことの危険を感じながらも、彼は、協力の両案のプラスとマイナスを測ろうとした。彼は、日本とのパートナーシップは、「ロシアとの関係深化で得られる日本のメリットが、近い将来ロシアにとりデメリットに転ずることはない――この点にかんして確実な証拠を得られるのであれば」という条件を問題にした(27)。

東京も、同様な結論に達した。「中立化」案の主な反対者は、後藤だった。桂と小村が、全面的に援護した。小村は議会で演説し、綿密に考え抜いた短いフレーズだけの説明にとどめた。彼は、日本の満鉄所有が「門戸開放」政策と矛盾することには触れず、満州における現状にいかなる変化をもたらすリスクも回避すべしと主張した。一方、錦愛鉄道の建設に日本が参加するという条件付きで、旅順港を外国船に開放することを政府が決めたことを報告した。

大臣は、次のとおりのべて演説を終えた。「われわれは、アメリカ合衆国政府がわれわれの立場を理解し、その他の列強も同様に、本問題に対するわれわれの態度の正当性を理解してくれることを望みたい」。東京の新聞は——国粋的なものからリベラルなものまで——その評価において一枚岩であった。アメリカの計画は、満州における現状を全く考慮していないし、日本とロシアの利害を無視している。それゆえ、非友好的な行動とみなされなければならない。どうして、他の諸列強の中国における領有分の「中立化」の話にはいたらないのか(28)?

後藤はマレフスキー・マレヴィッチとの会談で、ノックス案が実現されたら損失がどんなに大きなものになるかを強調して、日露両国が共同の外交措置をとるよう訴えた。アメリカの提案は、ロシアと日本の抱擁を引き裂こうとするものにほかならない。これが、外交官やジャーナリストたちの共通の印象であった。一九一〇年一月三一日付の報告のなかで、在東京ベルギー公使のダヌタンは、日露政府間には満州諸鉄道にかんして完全な合意と相互理解が存在した、と指摘した(29)。

一月二一日(一月八日)、イズヴォリスキーは北京のロシア公使館にこのことを報らせて、次のように説明した。

われわれの回答は、日本のそれと似かよっている。その作成に当たっては、日本政府と意見を秘密裏に交換した。結果として、アメリカの提案にたいする日露両国政府の見解がおおむね一致していることは、明らかである。その回答は、事前に通知し合ったものである。…貴下が中国の大臣たちに知らせる方法にかんして中国政府に助言をあたえる際には、日本の公使と事前に話し合っておくことが望ましい。いずれにしても、アメリカ政府の助言を入れることは、満州におけるわれわれの利害に反する。無防備の国境に鉄道建設を許すことがどんなに危険なものであるかを、中国に知ってもらう必要がある。国境で失ったバランスを取り返そうとする意図がある。わが国にたいする明らかな敵対行為を見逃すことはできない(30)。

■「中国の騒乱」

一九一〇年五月七日(四月二四日)、後藤は再度、極東における一致した政策についての提言をココフツォフに伝えたが、それはもはや個人的発言の域を越えていた。

日本においては、近時、疑いもなく、ますます対露関係についての友好的雰囲気が盛りあがっています。さらに、いろいろなケースで、より好ましいロシアの日本への関係が見られるようになるかもしれません。私は、両国のこのような好ましい緊密化を世界政治の大きな進歩の結果だとだけ考えてはならないと思います。……

日本においては、政府のみならず、政界指導者たちの間でも、日本にとって、中国問題を解決するには、ロシアと手を携えて行動することがより合目的であるという認識が次第に強まっています。というのは、満州における広汎な鉄道網を所有するにいたった現在、われわれの関心はまったく同じものとなったのです。日本政府として、事柄が共通の利害得失にかかわるような場合には、ロシアとの意見交換もなく、また協定もせず、中国と直接的に交渉するようなことを決してしてはならないのです。…わが天皇は、平和を愛するがため、われわれのロシアとの関係がより堅固な、親密なものとなるように、温かく見守っておられるのです。

後藤は意味ありげに付言した。「アメリカの満州諸鉄道中立化案は、昨冬、著しく世界を騒がせましたが、私は、わが政府が、一貫して貴国との友好的合意の下、行動したことをみて、非常に嬉しかったのです」。

このあと後藤は、書簡の主要なテーマ、すなわち中国における不安定な政治情勢へと話を移したが、それは日露両国の利益を同程度に脅かしているとの認識にもとづいていた。

列強国のすべてが、中国問題にただならぬ関心を示し、何の遠慮もなく、自国に分け与えられた好機を都合よく利用しようとしています。中国問題における悪の根源は、じつに、中国そのもののなかにあるのです。中国には、現在いわば、「政治的中核」がありません。ですから、中国高官たちは、個人的な思惑で行動し、利己主義で動き、国益を見失っているのです。…したがって、ロシアも日本も、中国その他の列強国を、言葉だけではなく、行動によって説得することが肝要であろうと思うのです。ロシアと日本は両国の利益が自然な基盤のうえに成り立っていることを理解し、今後とも中国問題で同一歩調をとることを固く決意するのであれば、私どもは諸国民の幸福に向けて、極東における平和を真に維持できるものと考えます。私は、このような日露協商によってもたらされるすべての善事を拾いあげるなどのことは到底不可能と考えるのです[31]。

整然とまとめられた後藤の提案は、問題の政治的解決を急がせた。一九一〇年七月四日（六月二一日）、ペテルブルクにおいて、イズヴォリスキーと本野一郎が協定に調印した。協定によれば、両国は相互に満州における現状維持を支持し、尊重する。これが脅かされる場合には、現状維持のための方策が合意され、鉄道の業務改革面で協力し、「この目的達成のためにいかなる競争も回避する」。これは、かつて、ココフツォフが提案したものであった。極秘部分で、先行する一九〇七年協商にもとづき、勢力圏の確認がなされた。また、ロシアと日本は、「上述の勢力圏において、両国いずれの特殊権益をも犯さない」こと、「満州における他方の特殊権益にかかわる自国の政治活動を控える」ことが、義務づけられた。加えて、「これらの権益を擁護、防衛するために不可欠なあらゆる方策」を自由に講じる権利を相互に承認する。

新協商は、形式的には満州をカバーしているだけであったが、中国、モンゴル、朝鮮にかんしては旧協商がすでに確認済みだった。これは、現場における具体的諸問題の解決の道を切り開くものであった。新日露協商は、「可能性の芸術」（「可能性の芸術としての政治」はビスマルクの言葉、一八七八年ベルリン会議の運営を指す〕としてのリアルポリティーク（現実政治）のもうひとつの事例であり、日露両国の首都で外交的勝利として評価された。「日本によって、個人的には小村寿太郎伯爵によって克ちとられた全ての外交的成果のうち、もっとも輝かしく永続的なものが、たったいまペテルブルクで実現された」。一九一〇年夏、東京から、経験豊かなベルギーのダヌタン公使がこのように書き送っている。[32]

ロシアと日本は、いったい何を懸念したのだろうか。一九〇六年以降、中国の様々な省で、満州人の王朝に抵抗する蜂起が多発した。統治はもはや困難な状況となっていた。一九一一年春から、武装闘争は一向に止む気配をしめさず、年末までに満州人の王朝は崩壊への道を辿った。辛亥革命が起こり、中国は単一国家として存続することを事実上停止した。

一九一一年八月末、桂内閣が退陣した。後藤は、一時的とはいえ、無職となった。このことをコフツォフ宛ての手紙のなかで、彼は記している。

内閣の交替は、日本の国内政策の面での一定の変化の可能性を除去するものではありませんが、対外政策には何の変化ももたらしません。…日露の友好関係は、内政で何か変化が起こっても、いささかも揺るぎません。私が固く信ずるところ、変化する根拠が全くないからです。両国政府が長期間の共同作業によって、両国民の共通の幸福に向けてあらゆる不安な問題を克服してきた今日、とくにそう言ってよいと思うのです。[33]

ココフツォフは答えた。

尊敬する男爵が桂伯爵［公爵の誤り］の閣僚とともに顕職を退かれたとの報らせを聞いて、心から残念に思います。貴下は、比較的短期間に国にたいしてきわめて顕著な貢献をなされました。日露間の友好関係に重要な意義をもつ鉄道やその他の事業を成し遂げられました。私は固く信じてやまないのですが、今回の貴下の退任は、短期間の休息を意味するに過ぎず、またすぐに顕職におつきになり、お国のために高い天賦の才と精神力を再び発揮されるに違いありません。(34)

桂は、機が熟したら政権に復帰することを念頭において、後藤をおのれのもっとも身近な同盟者兼協力者とみなしていた。桂は、日本の利益になるような形で最終的に中国問題を解決することが最後の切り札であり、そのためにはロシアの支援が必要不可欠と考えていた。この点で、後藤に勝る支援者を見つけることはできなかった。

■桂と後藤の訪露

一九一二年五月二六日、桂はマレフスキー・マレヴィッチに向い、自分が思いついたロシア経由の欧州旅行のアイディアを打ち明けた。訪問は非公式であるが、「ヨーロッパ諸国の政治家たちと会談し、意見を交換したい」。訪問は、天皇、首相、すべての元老によって承認されたものである。このことを、公爵はとくに強調した。彼の随員は、後藤はもちろんのこと、レール発注の可能性を探る目的で、一九〇七年末、ロシアを訪れたことがある後藤の部下の夏秋亀一を含む専門家グループ、通訳・秘書。ペテルブルクで、桂は、ニコライ二世との謁見を望んだ。一九一一年ピョートル・ストルイピンが殺された後を継いで首相に就任したココフツォフ首相、外務大臣セルゲイ・サゾーノフとの会見を望んだ。

桂公爵は、当初、自分の訪問目的を語る際、日露関係緊密化の面で自分がはたす役割についてかなり曖昧に言及するにとどまっておられました。緊密化がますます強化されるであろうこと、極東の平和は両大国の政策いかんにかかっていること、そして自分のペテルブルク訪問が非公式とはいえ、日露友好を強化するために役立つのであれば、極めて幸せであることなどについて言及する時でも、同様な姿勢でした。私が、もう少し詳しく具体的に述べて欲しいとお願いしたところ、桂公爵は、中国問題に触れ、自分の個人的な考えだがと前置きして、こう答えられました。中国に、いま、東アジア政策の全焦点が集中している、また、中国の騒乱はあらゆる偶発的な事件や紛糾を伴っている、そのような深刻な状態にあって北中国の隣接国たるロシアも日本も緊密に政治的・経済的利害の自然な発展と深く結びついているがゆえに、両国がより接近して語りあうことが有益であると思うのです。[35]

六月一五日、桂はロシア大使館を訪問した。話が中国に及んだとき、桂は「自分が内閣を率いていたときに、中国における相互利益を原則にした日露の政治的協定を成立させた」ことを想い起こして、述べた。

中国問題は今や、中国と隣接する二国家にとって、いかに自己の利益を擁護するかを深く考えなければならない深刻な局面を迎えています。他の列強国が中国に経済的利益のみを有するのに対し、ロシアも日本も、領土的な利害関係を有しているのです。この視点に立てば、両大国は、一定の行動計画を合意のもとに作成し、首尾一貫して実行することに合意することが不可欠なのです。[36]

桂は、七月六日、随員とともに東京を発ち、二週間後にペテルブルクに到着した。[37] 訪問時期は時宜を得ていた。七月八日（六月二五日）、サゾーノフと本野は、内蒙古における勢力圏分割の秘密協定を締結した。一行を心から歓迎したのは、外務省官房長のマヴリキー・シリング男爵とその次長ニコライ・バジリであった。しかし、明治天皇の重態が全ての計画を台無しにした。

七月一五日、明らかに重い病状にありながらも、天皇は病躯を押して枢密院会議に出席した。これが最後の公務となった。枢密院は一週間前に締結されたロシアとの秘密協定を議論した。天皇は日露関係の行方を心配し、会議の前に特別に山縣を呼び、両国のこと、桂の訪問についても言及した。天皇の病状悪化は、明白であった。七月一九日、天皇はついに病床に臥した。その日遅く、天皇が重態であることが公式に発表されたが、それは最悪の事態が近いことを意味した。桂とその一行は、ロシア帝国の首都に到着後わずか八日間の滞在で帰国せざるを得なくなった。ニコライ二世との謁見も取りやめとなった。天皇が危篤なのだから丁重に断わらざるを得ないと、桂は考えた。一行は、ココフツォフと会見することができたが、この話し合いのメモは発見されていない。

七月二八日（七月一五日）、桂と後藤は、ペテルブルクを後にした。彼らの頭は、天皇の病状のことで一杯であった（天皇崩御の報らせとロシア高官の弔文を、彼ら一行は帰国の途次に受けた）。彼らは、未完の訪問の成果について考える暇もなかった。ロシアの新聞の反応ははなはだ好意的なものであった。しかし、日本と外国の報道は、途中で頓挫した訪問にかんしては曖昧なコメントを記した。一行の考えはまったく違っていた。無事帰国した桂は、サゾーノフに電報を打った。「無事帰国しました。貴国への訪問に際し頂戴した筆舌に尽くしがたいご好意に対し感謝の意をこめて。

桂」。「東京に戻りました。閣下のご好意に衷心より感謝申し上げます。後藤」。[38]

マレフスキー・マレヴィッチは、九月三日（八月二一日）東京から報告した。

後藤男爵は、今回のペテルブルク、モスクワへの訪問について大いに満足して回顧しております。彼を驚かせたのは、四年前の訪問時以来のロシアの変化でありました。とくに、モスクワにおける尋常ならざる活況、モスクワの主要道路沿いに高く聳え立つ新しい多くの建築物でありました。

彼はロシアに滞在し、彼および彼の一行に供された歓待にきわめて満足したようです。彼の意見によれば、閣下および首相との桂公爵の会見は重要な政治的意義をもち、非公式な訪問ながら結果を残すことができたとのことでした。後藤男爵は、桂公爵のロシアの政治家たちとの会見が日露両国の友好関係の強化に資するであろうし、若き天皇の宮中で桂公爵の立場は並外れたものとなった、と述べております。

桂の内大臣兼侍従長への任命には、二つの見方があります。ひとつは、公爵を政治活動の舞台から完全に排除するものという見方。もうひとつは、逆に彼の新しい宮廷職は、帝国の内外政策におけるより活発な行動への過渡的な一過程に過ぎないという見方です。彼〔後藤〕は、この問題に関し個人的見解をもっておられるのですが、古い知りあいのよしみで、私を信用して話してくれたのです。

崩御された天皇は、大変なご経験と鉄のような健康の持ち主で、若いときから国政に親しく関与され、必要な場合には個人的にも大臣たちを指導されました。一方、現天皇は幼少の頃から虚弱で、しばしば罹病されたこともあって、国事を知ることなく青年期を過ごされました。彼の虚弱な体質をおもんぱかって、あらゆる方策を用いて彼を保護し、難しい仕事には手を触れさせませんでした。そのような環境で育った若き天皇は、いまやかなり回復されたとはいうものの、国事の経験もないし、人物や情勢に関する知識もお持ちでありません。若き天皇には、長老で政治的経験を持った賢明な人物、国家統治の全分野を熟知し、主要な政治家全員を身近に知る人物が不可欠です。

そのような人間の助言や指導は、若く、経験のない支配者にとって極めて貴重です。この点で、桂以上の人物はいない。桂公爵は、このような側近の助言者としての全ての条件に合致しています。桂公爵の存在がますます増大し、公然たる政治キャリアを離れても、彼の影響力は、内外問題を問わず、あらゆる重要事項にあまねく及ぶでありましょう。この点にかんして、後藤男爵は少しも疑っておりません。

後藤は、きわめて重要かつデリケートなテーマの会話においても、ロシア大使に対してはオープンであった。帝位に就いたばかりの大正天皇は高い教養がありながら、病弱で、強力な国家統治者とはみなされなかった。このような事態は、帝位をめぐる諸勢力の舞台裏の闘いのための好都合な土壌をつくりだした。元老山縣は、ロシアからの桂の帰国に先立って、彼を内大臣兼侍従長にまつりあげ、若き天皇の主要かつ唯一の指南役にすることに決定していた。対露関係の今後にとって、これは大きな意味をもった。桂は、八月一一日、東京に戻り、そして早くも二日後には、元老および閣僚たちとの会見後、新しい任務を受諾した。リベラル派の人々もこれに反対しなかった。というのは、野心的な公爵を当面の政治から遠ざけることを考えていたからである。

大使との会見を終えるに当たり、後藤は、「ペテルブルクで露日協会の幹部たちとの会見が実現できたことに満足の意を表明した」。彼は、「日露協会と露日協会との間の関係緊密化を強く望み、同一の目的を追求する両協会が相互に協力し、日露の貿易業者たちによるシベリアにおける日露商工機関の設立につながることを期待していた[39]」。

今日の「友好協会」のモデルである当時の日露協会、露日協会の活動は、ほとんど研究されていない。日露協会は、一九〇二年に元老伊藤が参加し、元外務大臣榎本武揚を会頭として設立された。著名な政治家、貴族、外交官、銀行家、学者のなかから、ロシアとの友好の意義を理解し、そのために働く用意のあった人たちが結集した。日露戦争の期間中、協会はその活動を休止した。しかし一九〇六年五月に、再開された。一九一〇年以降、朝鮮総督の寺内正毅伯爵（ながらく陸軍大臣、のち首相）が、会頭を務めた。実際の原動力は、副会頭の後藤であった。

協会は、日本の大資本家や名士たちを会員に引き入れたので、寄付金はかなりの額に達した。その金で、日本語とロシア語の雑誌の発行、セミナーの開催、ロシア人学生たちとの交流、ファンドの創設などの活動をおこなった[40]。後藤の名声と人脈、とくに実業界におけるそれらが、少なからぬ資金を必要とする協会の活動の成功に貢献した。後藤は日露間の友好増進の旗手として、この事業に人心と金の両方を引き寄せることができた。

貿易や経済関係の発展のほかに、後藤は、両国の若者たちの私的交流(彼は、少年団日本連盟〔現在のボーイスカウト日本連盟〕の後援者の一人であり、一九一九年以降、拓殖大学の学長であった)、学校の設立、講習会の開催などを含め、日本におけるロシア語の教育に大きな関心を払った。まさに彼のイニシアティブによって、協会は、一九一九年、ロシア語学習のためハルビン学院を創設し、一九二三年に第一回目の卒業生を送り出した。同学院は、第二次世界大戦の終了まで存在した。現代日本の専門家たちは、後藤のロシア学を含め、科学や教育の組織化の面における活動を高く評価している[41]。

■「大正政変」と日露関係

一度にふたつの最高の宮廷職に任命された桂は、天皇にたいして直接的な影響をあたえる立場に立つことになった。桂がそうであったように、比較的そう高くない素性のサムライたちにとって、それは軍事的・政治的出世が極まった最高位のポストであった。ましてや、終生この地位にとどまれるだけに、なおさらのことであった。しかし、事態はまったく別の結果をもたらした。

一九一二年一一月末、上原勇作陸軍大臣が、朝鮮の秩序維持を理由とする二個師団増設の問題で、政府と衝突した。若干の新聞は、ロシアの潜在的脅威に備えるためであるとつけくわえた。内閣は、予算を徹底して節減する必要があるとの理由で上原の提案を全員一致で却下した。山縣の支持を予めとりつけたうえで陸軍大臣は辞任したが、陸軍は後任候補を出すことを拒否した。陸海軍大臣には現役の大将、中将しかなりえない制度だったので、その補充ができず、一二月五日、内閣は自動的に総辞職した。

新聞や世論は、上原や山縣の行為を内閣にたいする横暴な圧力と非難した。老元帥は頑固であった。友人たちの助言や警告に耳を貸さず、桂を首相候補に推挙し、評判をいっそう悪くした。第一に、内大臣および総侍従長のポストを辞めることは天皇にたいする不敬行為とみなされた。第二に、このような緊迫した状況のなかで、しかも世論に嫌われた山縣の推挙で首相になることは、いかがなものだろうか。このような厳しい批判を浴びる運命にあることを意味した。薩摩閥の元海軍大臣の山本権兵衛提督、経験豊かな官僚の平田東助、尊敬すべき年配の元老松方正義が、首相のポストに就くことを辞退した。

新内閣の組閣プロセスは平坦ではなかった。というのは、桂が独裁的な行動に走ったからである。海軍大臣斎藤實中将は他のすべての大臣たちとともに辞任し、海軍は後継者を推挙することを拒否した。これは、上原が退任したあと陸軍がやったことのくり返しであった。桂は、斎藤を内閣に迎えたいと考え、同提督に留任するよう命令する勅令を出した。これがさらに不満に火をつけることになった。その代償として、首相は艦船建造という巨額の投資計画実現の約束を余儀なくされることになった。紛争を処理するためにはさらに大変な努力が必要であった。総じて、桂は自分の協力者を個人的献身の基準にもとづいて選抜するやり方をとり、世評をあまり気にするタイプの人間ではなかった。結局、閣僚それ自体は悪くなかったが、人気は期待できなかった。

それにもかかわらず、外交団の最初の応接において、首相は勇敢かつ楽観的に振舞った。彼は、マレフスキー・マレヴィッチに対し、日露関係の迅速な発展をほのめかしながら、「ロシアの友人たち」への挨拶を言付けた。[42] 新内閣で、逓信大臣の任命を受けた日に、後藤は大急ぎで秘書を通じて大使に敬意を表し、同時にココフツォフに電報を打った。折り返し、返信を受領した。[43] 一二月二五日、後藤は、マレフスキー・マレヴィッチの訪問を受けた。大使は、会見の結果についてペテルブルクに次のように報告している。

後藤男爵は、個人的なよしみから私を信用し、日露の友好関係の強化に向けて以前同様に応分の努力をする用意があると言われました。彼は対外政策にかんして、直接的責任をもっているわけではありません。しかし、内閣の連帯関係を考慮しますと、たとえば一九一〇年の政治的協定についての予備交渉が小村によって始められたといったことを思い起こすならば、後藤の存在は今後とも私にとって有利だと思われるのです。後藤のそのような好意に溢れる約束に感謝しつつ、…私は、加藤［高明］男爵の任命について話を進めました。加藤のロンドンからの〔帰国途次の〕到着がペテルブルクの新聞で報じられました。後藤は、加藤が外務大臣候補であることを桂公爵以上に明確な形で私に告げてくれたのです。加藤の任命は、桂内閣の対外政策プログラムの全体像が作成された後になるだろうが、そうしたプログラムが後藤男爵にも受けいれられるかぎり、彼〔加藤〕の入閣の勅令が出されるであろうというのです。親英嫌露の加藤高明を外務大臣として任命することは、内閣の基本路線と矛盾しています。しかし、これは、国内のリベラル派との妥協というよりは、桂の首相就任にたいして予想される列強の否定的な反応を緩和しようとする試みでした。政策決定は後藤と首相が行い、加藤は（外相就任は初めてではないものの）政策執行者の役割をあたえられるに過ぎない、と後藤ははっきり付言しました。

大使は続けた。

私どもは、なぜ、最近の内閣危機に触れることになったのでしょうか。私は、露日友好支持者たちにとって、中国におけるロシアの侵略政策が二個師団増設のモチーフとなったといわんばかりの新聞報道を見ることが、どれほど不愉快であったか。このことを、包み隠さずに申しあげました。

この点について後藤が私に釈明したところによれば、二個師団論争は陸軍省と海軍省の対立を背景に起こったものである。論争の真只中で陸軍側は正当性を主張するために、ありとあらゆる議論を駆使するつもりだったとのことです。艦隊の増強が必要だとする海軍側も全く同様に、北米での建艦の進展が太平洋の日本海軍を脅かしているかのように説く議論を展開した。両者の論争の出発点はとってつけたようなものであり、融通がきかないものでもありました。後藤は、両省の争いは、結束を欠く西園寺内閣の弱さに起因したもので、桂公爵の強力政権に委ねればこうした論争はなくなると見ていました。こうした騒ぎの責任の大半は新聞の放埒にあり、政府の強い統制の下におくべきだというのです。

他方、桂公爵がロシアで受けた応接に不満であったと言わんばかりの新聞記事を読むことは、極めて不愉快なことでありました。また、天皇睦仁の大喪にロシア皇族が皇帝の名代として列席しなかったことで、両国関係が冷却したかのごとき報道にたいしても同様でした。後藤はこのような噂を相手にしないように求めています。私が後藤に伝えたのは、たしかにそのような新聞記事を目にしたが、それは両国関係を妬む人たちが不和の種を蒔こうとする試み以外の何ものでもなく、嫉妬者たちの背後には何らかの事情が隠されていると思われます。訪露の際になされた接待や手配にたいする感謝を、個人的にも公式的にも表明した桂公爵の誠意を、心から信じています。

両国の信頼関係にもかかわらず、ロマノフ家名代、閣僚級の高官といったロシアの代表が明治天皇大喪（九月一三日）に欠席したことは、注目の的となった。これは、両国関係が必ずしも順調ではないという憶測を呼び起こした。英国を代表してアーサー・コンノート殿下が出席し、若き天皇にガーター勲章を授与した。ドイツを代表したのは、カイゼルの弟のハインリッヒ・プルスキー親王。アメリカ合衆国を代表したのは、国務長官ノックスであった。ロシアからは、マレフスキー・マレヴィッチのみであった。彼の官位は宮廷人事長官、上院議員、駐日大使。そのような肩書きは、明らかに不充分であった。そのうえ、ペテルブルクの公式服喪は、正式の一ヵ月ではなく、わずか二週間に過ぎなかった。

話は、国内問題に及んだ。この点について話すつもりはないと、後藤はのべた。「政府は、衆議院の現行の反対野党に目をつぶっているわけではないし、幻想と遊んでいるわけでもない」。今回、大使は、後藤がいつも通りのエネルギーを失ってはいないものの、普段より快活さに欠け、社交的でないように感じられた。

マレフスキー・マレヴィッチは、総括した。

後藤が内閣における主要な働き手、首相の右腕であることに、何の疑いもありません（新聞は彼を「副首相」と書き立てている）。彼は、噂によれば、桂と新閣僚たちとの仲介役となり、個人的な信頼できる筋からの情報では、議員の投票を買収するのに必要な資金を大企業から集める斡旋役もつとめているようです。しかし、彼は、桂内閣に入閣することによって人気の一部を損じ、野党とリベラルな出版物からありとあらゆる攻撃に曝されています。

辞去するとき、後藤は大使にサゾーノフへの伝言を依頼するとともに、鉄道院が刊行した日本の風景のアルバムを手渡した[44]。

しかし、新政府は堅固とはいえなかった。数日が経過し、野党議員が憲政擁護会を創設し、官僚支配を終わらせる決意を表明した。薩摩閥は、山縣、桂が属する長州閥との昔からの対決姿勢をしめした。それでも首相は何事もないように振る舞い、山縣からの独立を極力誇示し、むしろ関係を断つかのような動きさえみせた。

「政権党」設立のための桂と後藤の努力も芳しい結果をもたらさなかった。政権党ができれば、官僚からの支援を補完するためのしかるべき政治的基盤を確保できるはずであった。その不出来の子とも言うべき立憲同志会は、議員八一名と全閣僚の参加を得て、二月七日、創設を宣言した。同志会は、若干の官僚、無所属議員、かっての野党議員を結集しえたものの、堅固な組織も社会的基盤も持たなかった。保守主義者の山縣や彼の側近たちは、最初から新党創設の考え方にたいして否定的に対応し、桂を支援しなかった[45]。

内閣が議会を支配するためには、実力が不足していた。桂は、議会の新年休暇を延長する勅令を出してもらうという行政的措置によって政権維持を図ろうとした。議会を開けば、内閣不信任案の提出を避けて通りえない状況だった。実際、二月一〇日に開会されると、首都と大都市で大衆デモが勃発した。このデモは、無秩序状態を生み出した。警察は武器を使用し、犠牲者や検挙者が多く出た。夕方までに秩序は回復された。翌日、桂は退陣した。たった六二日間の短期政権であった。この政争劇は、「大正政変」と呼ばれている。(46)

後継者選びは容易でなかった。候補者リストに変更はなかった。松方、平田、山本に加えて、西園寺が追加された。今回も、全員が拒絶した。最後に、山本海軍大将が政府首班の就任を受けた。西園寺の支援の約束を得ての受諾であった。

この危機によって、一時的とはいえ日本―ロシア関係は混乱した。その主因は、新首相が反露思想の持ち主として際立った人物だったからである。後藤は、ようやく一九一六年秋に、全く異なった状況下で〔第一次世界大戦中〕入閣した。このことは、当然ながら、彼がその間、政治活動から離れたことを意味するものではなかった。

第三章　第一次世界大戦の試練
――同盟と同盟者たち*

*本章は、九州大学博士課程エドワルド・バールイシェフとの共同執筆。

■第一次世界大戦前夜とその勃発

山本権兵衛首相、リベラル西欧主義者の牧野伸顕外務大臣は、日本がロシアとの関係維持を望んでいる旨をマレフスキー・マレヴィッチに伝えた。当時、日本は積極的に軍備を進め、陸軍（長州閥）ではなく、海軍（薩摩閥）が巨額の予算を獲得したばかりの時であった。まさに海軍の兵器発注をめぐる汚職スキャンダルによって、一九一四年春、山本内閣は瓦解した。

今回の首相選びは難航をきわめた。元老「筆頭」の座にある山縣有朋は、貴族院議長職にあるものの、政治的には何の役割もはたしていない徳川家達を担ぎだそうとした。しかし、将軍の子孫である家達は辞退したほうがよいと考えた。そこで、山縣は多くの名を連ねた候補者リストを用意した。元首相でリベラル派リーダー大隈重信、加藤高明、平田東助（元内務大臣）、清浦奎吾（元法務大臣）といった官僚、有力な枢密顧問官の伊東巳代治（元東京日日新聞社長、伊藤博文の「右腕」）、朝鮮総督の寺内正毅（元陸軍大臣）、最後に後藤を含むリストであった。元老松方正義の推薦で、精彩を欠く清浦が組閣の大命を受けたものの、海軍が海軍大臣の推薦を断ったために、組閣にはいたらなかった。

当時、大隈が最適の首相候補とみられていた。しかし、初め山縣はこの任命に反対であった。大隈は、いかなる代償を払っても首相の座に就きたい一心で、自己の信条「リベラリズム」をかなぐり捨て山縣に妥協し、軍の支持を取りつけた。組閣における多大な貢献と彼の政治的基盤の保障をおこなったのが、加藤高明であった。加藤高明は、一九一三年春、桂が首相を退任し同年秋に死んだ後を受けて、立憲同志会の党首となっていた。加藤は、党の指導部から後藤を徹底的に排除した。(1)このとき以降、彼らの間の政治的および個人的関係は決定的に敵対的なものとなった。

新内閣の反露路線は、明らかであった。マレフスキー・マレヴィッチとの最初の面談時に、大隈は次のように語った。「私は自分をロシアの友人であると考えている」と。この分かりきった儀礼的言辞が、何か別の目的のためになされたとは思われない。だが、大使の注意を引いたのはこのことではなく、イギリスとフランスの参加を得て、「中国問題」を解決する必要があるという考え方である。[2] このことを語ったのが、まさに大隈であった。彼は、ほんの数ヵ月前に、汎アジア主義のもとに激しい反イギリス発言をおこなって、ひと騒動を起こしたばかりであった。大使は、彼を「国際性を極度に欠く幼児性」の「軽率極まりない長老」と評した。[3] 外相のポストに、加藤高明が就いた。彼にたいする期待は内閣の路線を日英同盟の原点へと戻すことであった。

嫌露派気運を煽ったのが（山縣に心酔する）政界大立者の農商務相、大浦兼武であった。この人物については、両国関係にとってあまり芳しくない私的なエピソードが残っている。大浦は、一九一四年七月半ば、実業界の代表者たちを前にして演説をおこなった。出席したジャーナリストたちはメモを取らないこと、また演説を発表しないことを条件にして、彼は語った。「若干の日本人は、この先三〇〜五〇年の間、日露の間に戦争はないと思っているかもしれないが、ここ数年のうちに第二の戦争が始まると思われる根拠がある」。だがこの彼の発言は新聞に載ってしまい、マレフスキー・マレヴィッチの不安を掻き立てた。彼は、さっそくサゾーノフに問い合わせた。

極東における平和への信頼と堅固さとを揺るがし、両国の友好関係を損なうことになるこの種の発言の危険性について、外務大臣は注意を払わなくてよいものでしょうか。……多分、彼［大浦］の閣僚仲間たち、とくに加藤男爵は、この無思慮な発言に慌てているに違いありません。ともかく、事実だけが残りました。閣僚が公開の場で、隣国の友好国に向けて仮定の話をおこなったのです。その仮定の話が、両国の互恵関係と極東における平和の堅固さにたいする不安をかきたてているのです。

大使は、大浦の演説を「遺憾である」と記した書簡を携えて加藤を訪問、次のような意味深長な発言をおこなった。

ロシアと日本両国政府は、一九〇七年以来、相互の不信感を克服しようと努力してきました。両国は、一九〇四―〇五年の戦争に由来する双方の危惧の念を和らげようと努めてきました。この分別ある平和のための努力は、最良の効果をあげたものと考えられます。ここ最近数年間に両国政府がつくりあげた素晴らしい政治関係は、両国民の世論を徴すれば一目瞭然でありま す。日露両国の本質的な利害に大きな関心をしめす人々が全員一致で歓迎しているのです。

加藤は、急いで大使を安心させようとして語った。「一九〇四~〇五年の痛憤すべき戦争以来、両国国民双方の危惧が緩和されたとの貴下の見解に、私もまったく同じであります。当方としてもこの目的達成のために可能なあらゆることをさらにおこなう用意があると付言できることを喜びとするものです」。大使は、今度の不愉快な大浦発言について、「これで落着したとみるべきだと、私には思えるのです」とペテルブルク向けの総括電報を締めくくった。(4) 騒動の張本人は、一年も経たないうちに、贈賄罪で逮捕され、政界の舞台から永久に消え去った。

第一次世界大戦の勃発は、戦争前の協定の結果として構成された諸列強の配置を揺るぎないものにした。八月二三日、日本は日英同盟下の義務にもとづき、ドイツに宣戦した。戦争はすぐに他の大陸、とくにどこよりもまずドイツの植民地に飛び火した。しかし、戦争は日本にとって「ヨーロッパの戦争」であった。ヨーロッパ列強がお互いに消耗し疲弊している間に、東京の支配層はこの機会に乗じ、競争相手の弱体化にかんがみてアジアにおける自己の立場を強化することに決めた。「敵」としてのドイツを、この地から武力で排除する必要があった。イギリスやフランスといった「同盟国」にとっては、極東問題どころの騒ぎではなかった。したがって、中国におけるイギリス、フランスを排除しようとすれば、それは可能だった。再び、ロシアのポジションの問題が表面化した。[5]

共通の敵が存在することは、パートナーシップの強化にとり好都合である。しかし、危機は他人を犠牲にして自己の立場の強化を図ろうとする政治家にとって自然の願望を呼び起こす。一九一四年九月、大隈は、マレフスキー・マレヴィッチに向い、ロシア・ドイツ戦線に馳せ参じたいと望む多数の日本の在郷軍人たちの要請について語った。[6] 一九一五年八月、首相は、「日本軍は必要とあらば、ロシアの極東における秩序維持の任を引き受ける用意がある」とのべるとともに、戦線にある軍隊を極東からヨーロッパへ転進させることをロシアに向い助言した。[7] マレフスキー・マレヴィッチがこのような提案を断ったのは、当然であった。

一九一四年の末までにヨーロッパでみられた熟練兵や武器・弾薬の不足という危機的な状況のゆえに、フランス政府は（四〇万人にも上る）日本軍兵士を戦争下のヨーロッパ戦線に送りこむという公式交渉に入らざるを得なかった。この構想は、大反響を呼びおこした。しかし、内閣、とくに加藤外相の対応は、まったく冷たかった。その条件として、中国にたいする列強諸国と同等の経済的権益の獲得、八〇〇〇万スターリングポンドの借款、英国植民地や自治領への日本移民問題の解決を挙げた。後者の要求は、同盟関係を口実に、アジアで日本が積極的に膨張することを不安と恐れをもって見守っていたロンドンとの関係に緊張感を高めることとなった。(8) 戦争勃発の初期段階では中立の立場を公式に宣言していたにもかかわらず、じっさいには対独連合の同盟国として行動したアメリカとの関係を紛糾させたくないという気持を、英国は強くもっていた。アメリカが日本の勢力の増大におびえていることは、明らかであった。したがって、数隻の乗員つき駆逐艦の派遣を別にすると、日本軍隊をヨーロッパへ送る構想は実現されなかった。

日露間の一層緊密な同盟関係の形成の不可欠性については、すでに一九一四年八月、東京の政界で話し合われていた。元老の山縣と本問題を議論していた後藤(当時二人は頻繁に会っていた)、井上馨、松方が参加した。(9) 著しい変化が新聞の論調にも生じた。以前には、主たる極東の「侵略者」と言えば、それは一般にロシアを意味した。今やそれはドイツであった。たとえば、一八九五年、日本からその対中国戦勝獲得物を奪い取ったドイツ、フランス、ロシアの三国干渉の主導者は、まさにウィルヘルム二世であった。しかし、じっさいにそれを実行したのはロシアの大蔵大臣ウィッテであった。このテーゼは、日本の親英米派の文献にしっかりと定着している。(10)

日露同盟は、すでに存在していた日英同盟や仏露同盟をお互いに結びつけ、それらを一八一五年のナポレオン破滅後にヨーロッパの君主たちが形成した神聖同盟と同様な形態へと変化させていくものと考えられた。そのような第四の同盟が、ドイツの撤退後の東アジアにおける地位を保障するために必要であるというのが、日本の見解であった。日露を結びつけたのは、共通の敵だけでなく、イギリスという共通の同盟者の存在かもしれなかった。日露同盟は日英同盟に敵対しないばかりか、むしろそれを補強するものと考える政治家たちもいた。しかし、決して、全ての者がそのように考えたのではなかった。

一九一五年一月二二日、マレフスキー・マレヴィッチは、議論の成り行きを注意深く見守り、新聞の論調に現れたほんの小さな変化をも記録し、上司であるサゾーノフに書き送った。

今度の戦争の当初から、日本の報道に鳴り響いた世論の声は、今では「誰もが先刻承知の事」となっています。現在、本問題を議論しない日本の定期刊行物はひとつも見出し難いほどです。……ここでは日露同盟がますます広範に受けいれられるようになっています。(11)

世論は盛んに「同盟」自体の問題点を論議しはじめた。多くの人たちが日露関係についての議論に参加し、様々な意見をのべた。これは、いったい「同盟」という言葉をどのように理解しているかにかかっていた。(12)大多数の者は、国際政治の視点に立って、「同盟」とは条約を意味し、条約締結の結果生じる比較的長期間の関係維持と、仮想敵国にたいして相互に軍事支援をおこなう義務を念頭におく関係を想定した。日英同盟は、そのような解釈のための根拠をあたえた。ロシアとの同様な協定締結がどれほど不可欠であるのか。この問題が生じた。この問題をめぐって、日本の支配層に統一見解は存在しなかった。

一方で加藤高明外相、他方で吉野作造東京帝国大学教授といった有識者に代表されるリベラル西欧派の人々は、特別の日露軍事・政治同盟の締結ではなく、日英同盟同様の基本的な対外政策路線の維持に主眼をおく二国間協力の強化を主張した。これは、彼らの地政学的視点からみると充分理解できることであった。しかし一九一五年の時点では、後藤でさえ、慎重なアプローチをのべていた。

日露親善は昔から多年自分の主張するところであるが、一歩進んで同盟となるとその範囲の広狭、其の内容の深浅いかんが問題となる。したがって是ならば余程研究したうえでなければ容易に賛否を決するわけにはいかない。勿論自分は同盟は絶対にだめだというのではないと同時に必ず同盟しなくてはならぬという考えでもない。つまり、自分はどこまでも日露親善の一貫した支持者であり、それ以上一歩進める場合その範囲内容を厳密に議論したうえで、慎重の態度をもって決せなくてはならないと思う。(13)

彼にかぎらず、後藤に親しい東京の日露協会貿易部長で、二国間の貿易促進のために尽力してきた目賀田種太郎男爵も、日本にとって同盟は本質的な利益をもたらさないし、そのような話しあいをすることすら有害かつ不必要と語っていた[14]。

■日英同盟への反対

一九一五年末から、日本の新聞に新しい重要な傾向が形成されはじめた。すなわち、日英同盟を「異常な」「不平等で」「一方的な」ものとみなして、日英同盟に反対する積極的かつ広汎なキャンペーンが開始されたのである[15]。一九一六年三月、マレフスキー・マレヴィッチは指摘した。「本条約を見直す必要があることについて、マスコミが連日書きたてており、東京の刊行物では『言い古されたもの』とさえなっている[16]」。第一次世界大戦の勃発に先立ち、グレー外相と加藤高明大使との間の個人的な友好関係にもかかわらず、中国における鉄道建設問題やオーストラリアへの日本人移民問題のゆえに、日英関係は悪化した[17]。東京・ロンドン同盟は、「親近感の心情の時代から、切迫した紛争」へと変化を遂げていた[18]。

後藤は、周知のとおり、鉄道と植民の二つの問題に絶対的な関心をもっていた。彼は、日本のこれらの問題への対処の仕方が、日本外交の自主・独立を測る尺度となると考えていた。まさにそうした流れのなかで、各紙誌は、一層頻繁、執拗にロンドンとの同盟の可及的速やかな見直しの必要性について書き続けた。同盟拒否に賛成する論拠となったのは、同盟は日本を「ロシアの膨張」から守るという主たる課題をもはや終了したというものだった。山縣のもう一人のお気に入りで、将来陸軍大臣、首相を務めることになる参謀本部の「花形」陸軍少佐、田中義一は、一九一四年二月に記した。「英露の直接握手を見たる暁においては、日英同盟のごとき是れまったく死物のみ」[19]。まさにこのとき、彼の後藤との接近が実現したことを付け加えておこう。

後藤は、イギリスとの同盟関係がもたらす利益についての疑念を隠さなかったが、このことについて公的な場で触れたのは一九一六年となってからであった。このことについては、次のエピソードを思い返してみるのも無駄ではないだろう。この年、インド総督ハーディング卿にたいする暗殺未遂のあと、インドの革命家ラース・ビハーリー・ボースが日本へ逃亡した。英国の圧力で、大隈内閣は、彼の逮捕と引き渡しの命令を発したが、結局命令は実行されなかった。極右国粋主義運動の大御所の頭山満のはからいもあって、日本の警察は彼の家に尋問に赴かなかった。ボースは世間から身を隠し、その後、日本の女性と結婚し、日本国籍を取得して、一九四五年の死まで東京で暮らした。彼は、太平洋戦争の勃発とともに、反英インド人亡命者たちの初代のリーダーとなった。英国大使コンニンヘム・グリーンは、後藤が主要な、ただし表に出ないボースの庇護者であるとみなしていた。内務大臣としての後藤は、逮捕や引き渡しの面で動こうとしなかった。しかも、一九一八年七月、外務大臣の身でありながらボースの結婚保証人となった[20]。

連合国側に立って、日本は世界大戦に突入した。しかし、明治時代において、日本の近代化に大きな役割をはたしたドイツにたいする日本の政治エリートの恩顧の念はいまだ根強いものがあった。当時まだドイツは少なからぬ影響をあたえ続けており、社会・政治の表層からたんに見えにくくなっているにすぎなかった。一九一四年末、青島からのドイツ人捕虜の日本到着直後に、マレフスキー・マレヴィッチはサゾーノフに書き送った。「ここではむしろ好意的な対応がおこなわれている(21)」。後藤は、周知のとおり「親ドイツ派」リーダーのひとりと考えられた。彼は、少なくともドイツ帝国への尊敬の念を決して隠そうとはしなかった。

ヨーロッパにおける戦時状態が長引く様相を見せはじめた一九一六年、ドイツの勝利は可能なシナリオのひとつとみなされた。というのは、アメリカが公然とかつこれみよがしに、戦線から離脱したからであった。日本のジャーナリストたちや分析者たちは、——第二次世界大戦の初期においてもこの誤りを繰り返したのだが——太平洋の向こう側の孤立主義的気運を過大評価した。そのために、東京の支配エリート層の若干の代表者たちは、対独戦勝国側からの自国の立場への脅威をいかに除去し、しかし、ドイツとの友好関係をいかにして修復するか——このことについて熟考しはじめていた。このような方向に向けての主たる障害は、日英同盟であった。というのは、ロンドンとベルリン間の和解は原則として不可能と考えられたからである。加えて、日英同盟こそが、日本を世界大戦へと「巻き込んだ」主たる原因であると見なされはじめていた。

後藤は、加藤外交を鋭く批判して、一九一六年の夏に刊行された『時局に関する意見の大要』という小冊子のなかで、以上のような意見に同調してのべた。

何ゆえ彼らはそのように安易に、無思慮で十分な準備なしに、かくも重要な政治的な決定をするのか。何ゆえに、いかなる政治的利益があって、彼らはドイツへ宣戦し、戦火に飛びこんだのか。何ゆえに、中国側の理解し得ないことを要求したり、アメリカ人たちの間に日本政治への恐怖をかきたてたのか。じっさいに、日本を自らの意思で国際的孤立へと追いやるようなことをする必要があったのか。[22]

後藤は、イギリスやその自治領における反日気運の高まりについて注意を喚起した。経済的理由にもとづくと同様に、体面の観点からも、日本にとってとくに悩ましい問題であった。そして、二年が過ぎても、彼はアメリカ大使ローランド・モリスに向い繰り返した。「日本は大きな間違いをした。イギリス側に立って、戦争に入ることを急いでしまった」[23]。

後藤の考えによれば、日英同盟に反対する補足的な論拠は、イギリス帝国もまた、西洋側文明同様に、凋落しはじめているというものであった。戦争の真最中に書かれた『日本膨張論』と題する著作のなかで、彼は次のように主張した。「一九世紀の『老齢化した文明』のあらゆる希望や明るさまでも奪う最後の手ひどい一撃を与え、二〇世紀という新しい若い文明を生み出す道を切り開いたのが世界大戦であった」。彼は、さらにのべる。「私には見えるのだ。現在、イギリスは、自己の世界的膨張においてその極限に達している。人口、富の規模、政治的権威、その国内発展度合いからみて、納得できる事実である。その一方で、世界を支配するという偉大な文化的使命は終焉に向かっている。まさに熟し過ぎた爛熟に似た状態である。すなわち、イギリスはすでに最盛期を過ぎ、運命は晩年へと傾きかけているのだ[24]」。

後藤の社会・政治評論活動は、外交政策における日本の独自路線を確認することを主眼とした。彼の基本的な考えは、世界政治の指導者イギリスが弱体化するなかで、列強諸国間の対立を利用しながら、日本を自立した「プレーヤー」に育てあげてゆくことであった。「依存の再配列」路線は、第一に他の列強との関係を強化することであった。その潜在的同盟国として、ロシア、中国、ドイツの可能性が研究された。「外国列強との協力、とくに中国やロシアとの精神的、政治的連合は、明らかに十分に緊密なものとなっていない」がゆえに、日本は国際的孤立化の危険にさらされながら、イギリスやアメリカの言うなりになることを余儀なくされてきた[25]。いいかえるならば、後藤は、英国にたいする過剰な依存が常に世界的孤立の悪夢をもたらす。一方、孤立の恐怖が外交的機動性を制約し、英国に対する依存の強化に導く。この「悪循環」を打破しようとした。それは、一面においてイギリスへの過度の依存が国際政治において日本を悪夢にさらし、他面において日本外交の機動性を凍結し、外交の孤立化、ロンドンへの依存強化をもたらすからだった。

■同盟の締結――次に何を？

一九一六年は、日露同盟関係形成の最終的な仕上げの年であった。これは、将来日英同盟に代わり得る選択肢のひとつであると考えられた。まだ一九一五年二月のことであったが、この路線に賛同し、他の元老の支援も取りつけたうえで、山縣元帥が演説をおこなった。ここでも、後藤抜きでやってはうまくいくはずがないことは明らかであった。山縣は、首相の大隈に、積極的に日露同盟を進めるよう助言した。しかし、大隈は特別な熱意をしめしたわけではなかった。一九一五年冬・春のあの悲しむべき「対華二一ヵ条の要求」を中国へ突きつけた独断にたいして「国家的元勲たち」の怒りを買った加藤外相は、今回のイニシアティブも妨害しようとした。その結果、最終的には彼らの敵意を増幅させることとなった。加藤は、外相ポストから一九一五年八月に退任した。これは、多くの点で山縣や後藤を含むその取り巻きたちの行動によって惹き起こされたものであった。後藤を通じて、野党政友会と山縣の基本的な接触がなされた[26]。一〇月、外務大臣に就任したのは、駐仏大使の石井菊次郎であった。彼は協商派に属し、東京では政治基盤をもっていなかった。したがって、ずっと御しやすかった。石井は、政治方針にかぎらず個人的嗜好面においても、親仏家であった。ロンドンよりはロシア、ロシアよりはパリを好む親仏家で、伝統的対応を好む気質の持ち主でもあった。

加藤の辞任と石井の就任との間に、東京では後藤とマレフスキー・マレヴィッチという旧知同士の定期的な会談が行われていた。後藤は大使に向い「石井の就任とともに、日露同盟についての交渉がはじまるだろう」と語った。ペテルブルクにとり、これはニュースではなかった。というのは、石井は、パリ出発前に、このことについて、一九一〇年から駐仏大使であったイズヴォリスキーにすでに伝えていたからである。[27] 一九一五年末のゲオルギー・ミハイロヴィッチ大公の日本訪問は儀礼的性格の強いものではあったが、協約締結の前奏曲とみなされた。[28] 皇族の賓客は、何も決めることなくおのれの政治的役割だけをはたした。彼は、日本到着二日後に山縣を訪れ、ニコライ二世の名において彼に高位の「聖ブラゴベールヌイ・アレクサンドル・ネフスキー大勲章」を授与した。

ゲオルギー・ミハイロヴィッチ大公に随行した外務省顧問グリゴリー・カザコフは、極東問題の専門家。サゾーノフからの命で、日本の高官たちと秘密交渉をおこなった。交渉のなかには、ハルビン—寛城子支線の割譲を含む満州における可能な「補償」を交換条件にする新しい武器取引の話も含まれていた。[29] 石井を除くカザコフの交渉の主たるパートナーは、朝鮮から呼び寄せられた総督の寺内正毅であった（一九一一年以降、彼は日露協会の会頭で、後藤は彼のもとで副会頭であった）。

後藤はいかなる行政ポストの地位も占めていなかったが、当時、山縣とそのお気にいりの寺内の「連絡役」を一度ならず演じた。まさに、一九一五年秋、山縣が大隈更迭の必要を決断したとき、首相ポストに寺内を説得するために、朝鮮に向かったのは後藤であった。加えて後藤は、各新聞社にたいし、政党内閣に代えて「挙国一致内閣」が不可欠であることを説いた。一九一五年一一月、保守政治家たちのグループと京都で会合をもち、朝鮮総督である寺内候補を支援するように説いた。[30]それにもかかわらず、大隈は首相として一九一六年秋までとどまった。

一九一六年二月一八日（二月五日）、ペテルブルクで、本野一郎がサゾーノフに覚書を手渡した。ミハイロヴィッチ大公とカザコフが東京訪問時におこなった予備的な意見交換にもとづいて、日露両政府が公式に交渉に入ることを提案したものであった。[31]七月三日（六月二〇日）、大使と大臣の間で類似の内容の協約が結ばれた。一方の当事国に対抗する「何ら政治上の協定や連合」もおこなわないこと。両締約国の一方が承認した他方の極東における領土主権、または特殊利益が侵害される時、日本およびロシアは「その権利および利益の擁護・防衛のために相互の支持と協力を目的としてとるべき処置につき協議しなければならないこと」。

同時に、「誠実な友好関係をさらに強化するために」秘密協定が、締結された。両締約国は、次のとおり合意した。両国の「喫緊の関心事は、…日本、または、ロシアに対し敵意を有する第三国の政治的支配から中国を守ることであり、必要に応じて随時隔意なくかつ誠実に意見の交換を行い、前記事項の発生を防止するため（中国における）執るべき措置につき協議する」（第一条）。万一、中国における「執りたる措置」の結果、ロシアあるいは日本と第三国の間に宣戦がある場合には「締約国の他の一方は要請に基づき、その同盟国に援助を与える」。両締約国はいずれも予め他の一方の同意がなければ講和してはならない（第二〜三条）。両締約国の一方は切迫せる戦争の重大なる程度に適用すべき援助をその同盟諸国より保障されなければ、本条に規定する兵力的援助を他の一方へ与える義務はない（第四条）。本協約は、調印の日より五年間有効であり、締約国は極秘裡に取り扱う義務がある（第五〜六条）。本件につき、ロシア閣僚のなかで知らされたのは首相のボリス・シチュルメルだけであった。お互いの合意にもとづき、ロシアはフランスに、日本はイギリスに当該秘密事項について通知した[32]。

東京では、協約の締結は新しい大きな成功であるとみなされた。大隈、石井、国会両院議長が厳かな演説をおこない、豪華な示威行進や祝賀会が続いた。本野は子爵の位を授けられ、交渉の当初から本件に携わった山縣は「これは、私の長年の夢の実現であり、私は大変幸せである」と語った。数日前に、山縣にたいして陸軍大臣大島健一は報告した。「閣下のたゆまぬ尽力のお陰で、日露攻守協定が締結されました。昨日、枢密院が全員一致でこれを承認しました[33]」。

リベラル派や大西洋派が首相ポストにある大隈の最も有力な後継者とみなす加藤高明は、この件につき次のとおり記している。

すべてに通暁した人たちが知っておくべきことは、私が日露協約締結に反対の意見をのべたことは一度もないということだ。私は、日英同盟を破棄し、それを他の政治同盟でもって代替することを主張する人々にたいして、断固として反対しただけのことである。今日においても、日英同盟が現実に日本外交の中核を占めている事実にかんがみて、私には、それと矛盾する他の国々とのいかなる協定にたいしても一貫して反対する義務がある。たった今、調印されたばかりの日露協約は、日英同盟に矛盾しないばかりか、むしろ基本路線に完全に合致しており、それを補強さえしている。したがって、私は、熱烈にそして全身全霊をもってこの調印を歓迎する[34]。

彼は、神戸での演説のなかでもさらに一層明白にこのような考えを明らかにした。「日英同盟は、日本の外交の車輪を回転させる軸として、過去におけると同様に将来においても作用し続けるであろう。…日本は、イギリスの同盟国として、将来、全同盟国和平会議に参加するのが最上の政策であろうと思われる。日本は、若干の自信過剰の愛国者たちが思っているほど決して強力な国家ではない[35]」。後者の指摘は、頭山満や内田良平のようなロンドンとの同盟にたいする国粋主義的批判者たちのみならず、後藤にたいしてもまた示唆に富むものだった。

■日本、ロシア、それに……ドイツを加えるのか?

ロシアとの新協約締結。その当日、マスコミ報道に呼応して、加藤に加えて、後藤もそれを「日英同盟の後続編」と呼んだ。彼は自問した。「しかし、日本が独立しているばかりか、先進国であると考える日本人が、外国人の前で常におもねるだけというのはいかがなものであろうか。日本は、日本そのものが中心にあるような外交政策をとらねばならないのではあるまいか[36]」。

これは、いったい何を意味したのか？

新同盟のなかに、後藤はドイツとの関係の正常化への道のさらなる一歩を見ていた。後藤にも山縣にも近いジャーナリストの茅原華山は、新しい戦後国際秩序の基盤として日露独三国同盟の可能性について率直に記した。

日露協約は、露国においてあらかじめドイツと了解するところあり、露独が単独講和をする前提として、日露独三国同盟を実現する前提として締結されたものであろうか。それならば、すこぶる先見のある外交手段と見なさねばならぬ。日露独三国が左提右携して大英帝国を処分すという面白い劇が仕組まれるわけではあるが、それにはロシアはまずドイツよりペルシャ、インドに自由手腕をふるうもドイツは決してロシアに対抗する協約を締結せずという言質をとっておかねばならぬ。ロシアは、はたしてかかる言質をばドイツよりとり得たであろうか。それは、われわれがすでに述べておいた理由からして容易に信ぜられない。容易に信ぜられないとすれば、日露協約はあまりに意味の深いものとは受けとりえない(37)。

「親ドイツ派の人々」は、考えていた。日本の極東および南方面への膨張は、必然的にイギリスの利害と衝突することになる、と。彼らは、戦争の結果としての新たな世界の再分割を戦略的課題として考えていた。日本には極東圏、ロシアにはペルシャ湾に繋がる近東、ドイツにはバルカンといった工合に、その持分が割り当てられた。このようにして、三国同盟は何よりもまずイギリスとの戦いに向かうことになり、ついにイギリスは懲らしめられ国際的に孤立化することともなると考えられていた[38]。

それとともに、新三国同盟は、戦争の過程でますます親英的となっていたアメリカ合衆国にたいして、軍事行動をとらざるを得ない状況を作り出していた。太平洋における勢力争いが、予想されたように、軍事紛争へ発展し得る状況のもとで、日露同盟は、ロンドンばかりでなく、ワシントンにとっても、かなりの脅威となりうるだろう。このことを、スイス亡命者からこのニュースを注意深く聞いたレーニンは、直ちに指摘した。「日本とアメリカが戦争をおこなえば、ドイツとロシアは日本をアメリカから楯で防衛するだろう。しかし、結局のところ、アメリカも中国から退却せざるを得なくなるであろう[39]」。

後藤は、こうした個別または類似の記事にたいして、それら論者たちの考え方を熟知している場合には、それなりの理由を考慮して、直接的に干渉したり、公の場で論争したりはしなかった。少なくとも後藤の内相時代には、このような記事を書く記者がいたので、彼は定期刊行物から目をはなさなかったし、当該記者にたいしても圧力をかけたのであった。しかし、問題は、たとえ仮説であるにせよ、まさに同盟国（イギリス）に対抗して、その敵国（ドイツ）との間で協定を締結するという可能性にかんしてであった。その他のいかなる敵対国の公開の新聞雑誌であれ、これに似たような記事が書けるとは、とても考えられないことだった。それゆえに、東京駐在のイギリスの外交官や分析者たちの恐怖は、根拠なしとはいえなくなった。

ドイツはじっさい、一九一六年、北京とストックホルム駐在の公使を通じて、日本に和平案を提案してきた。それは、イギリス人にすぐさま通報された。アジアにおける「行動の自由」を約束し、日本が占領したドイツの植民地の維持も認めるという内容で、東京の注意を惹きつけようと試みるものであった。ロシアと平和条約締結のさいに、ベルリンがその仲介役を引き受ける用意も示唆していた。しかし石井は、秘密交渉を禁止することを命じた。何があってもいかなる探りや事前工作にたいしても、けっして応じてはならないと命じた。(40)

一九一六年を通じて、露独単独講和条約の可能性の噂が常に流れていた。その風聞の支持者は、ドイツ出身のロシア皇后、アレクサンドラ・フョードロヴナ、皇帝の寵臣グリゴリー・ラスプーチン、首相シチュルメルであった。首相シチュルメルの場合は、彼の姓名のゆえドイツびいきのシンボルとなった。火に油を注いだのが、協商創設者の一人、サゾーノフが日本との協約の調印二週間後に外相ポストから突然退任したことであった。サゾーノフの回想記によれば、退任は純粋に内政的な理由にもとづくもので、「ラスプーチン派」の陰謀だった。(41)彼のポストの後任はシチュルメルが兼任することになったが、このことがさらに「同盟派」の不安を一層掻き立てた。

全体として、これらの噂は何ら根拠のないものであった。後にニコライ二世の妃になるアリックス皇女は、若いときからプロシャとホヘンツォレルン家を好んでいなかった。彼女にとって、ドイツは愛すべき「小さな祖国」ヘッセンに帰するものであった。したがって、二つの帝国の間の改善を阻害しないにしても、それだからといってその改善に資するようなことも一切試みなかった。しかし、同盟者たちは真剣に心配した。ペテルブルクでは、イギリスの情報機関が或るていど関与して、潜在的な「敵のエージェント」狩りがはじめられた。シチュルメルの名声は傷つき、凋落の一途をたどった。そしてついに、一九一六年末、ラスプーチンの殺害が断行された。同様のシナリオに沿って、一年後フランスにおいて、前首相ジョゼフ・カイヨー、前内務大臣ルイ＝ジャン・マルヴィなど、主要なクレマンソー政府の反対派にたいする弾圧キャンペーンが繰り広げられた。その結果、「国家反逆罪」の疑いで、二人は逮捕された。戦後、彼らにたいする冤罪はすべて潔白として晴らされた。

■寺内内閣

「一九一六年一〇月四日の朝、日本首相の大隈重信侯爵に会うことができた。当日の夕方には、このポストに寺内正毅元帥［この肩書きは一九一六年に取得］が就任した」[42]。大隈は、内治外交問題を根本的に紛糾させ、最終的に元老との関係を悪化させて退任した。天皇宛ての書簡で、公式に自分の後継者として加藤高明を推薦した。加藤に我慢がならない山縣がこれに介入し、断固として大隈を元老の一員に加えることに反対した。

当初、山縣元帥は前逓信大臣田健治郎を候補者として推すことに傾いていた。しかし、ほどなく寺内へと考えを修正し、全元老の支援を取りつけた[43]。寺内と東京の間の「連絡役」は、年下で友人の銀行家西原亀三が務めた。後藤、田、田中義一は、一九一六年の夏と秋に頻繁に接触して、政府再編問題を論じていた[44]。寺内首相の任命とともに、彼のもっとも身近な顧問の一人となったのが西原であり、その管掌事務のなかには一九一七年の議員選挙に向けて政府支援システムを構築するといった微妙な仕事も含まれていた。一九一八年、彼は日本の完全な傀儡といってよい段祺端の北京レジームにたいしていわゆる「西原借款」をおこなった。そのおかげで、彼は大きな、だが両義性ある名声を克ちとった。後藤は外務大臣の地位にあって、それらの実現に力を貸した[45]。

一〇月九日、閣僚名簿が発表された。組閣に貢献した後藤にたいしては、官僚体制のヒエラルキーにおいて伝統的に首相に次いで重要な第二番目の地位とされる内務大臣のポストがあたえられ、その努力が報いられた[46]。陸軍大臣と海軍大臣の任命はそれぞれを別々に審議されることになり、結局これらポストにはそれぞれ大島健一と加藤友三郎が留任した。外務大臣と大蔵大臣のポストは、首相が一時的に兼任した。一一月二一日、本野一郎が外相に就任した。

新聞は、直接的な侮辱となるような異口同音の攻撃をもって、これらの任命にかんする論陣を張った。軍部に近く、後藤と関係の深い徳富蘇峰の『国民新聞』は、その例外となった。『国民新聞』は、書いた。「寺内は、首相になることを欲していない。『軍事政党』が彼を強制した」と。再び、「大正政変」のときと同様、「長州閥」の奸策が引き合いにだされた。「身内の」牧野伸顕ではなく、「外様の」後藤を内務大臣に首相が選んだことは、驚きであった。『万朝報』は、その記事のなかで大々的に、「対中国政策」は今や軍部政府に牛耳られるであろうと記した。というのも、本野は、中国問題については報らされることなく、軍人主導で動くことになるだろうからである。「非立憲路線派」の寺内は、「長い間、『韓国をサーベルで脅し』、いまや、日本でもまったく同じことをしようとしている」。「本野は、新聞や世論、オープンな外交を、まるでペストのように恐れている」。とくに実質的な副首相扱いの後藤にたいして批判が集中した。「後藤男爵は、常に愚かな言行をする人として知られている。誰も、彼がこれからどんなことをやってのけるかを言い当てることはできない」[47]。

組閣の翌日、加藤高明は新党憲政会の設立を発表した。これは断固戦うための野党勢力の結集を呼び掛けたものであった。このような活動を無力化するため、寺内は、後藤を通じ、一九一五年の選挙で、多数を落選させた政友会との提携に動こうとした。一九一六年一二月に召集された国会で、内閣不信任案が可決された。憲法にもとづき、首相は議会を解散し、選挙日は一九一七年四月と定められた。寺内の敗退と退陣は不可避とみられたが、逆に寺内の得票は増え、政友会の当選者も増大した。他方、憲政会は議席の四〇パーセントを失った。政府は、わずか三票差で過半数を獲得し、貴族院、元老や軍の支援を得て、政権維持の見通しを立てることとなった[48]。

当時の分析者たちは、閣僚の大部分が貴族院議員であり、「選挙で選ばれた議員」ではないことに、主要な関心を向けた。自分たちにとりより重要なことは、親露派で、もっとも影響力のある東京エリートが閣僚になり、両国が協力するための良好な条件を作り出すことである、と考えた。「一九一六年、ツァーリ・ロシアと日本は、東アジアにおける国際関係の全てのなりゆきを変えることができるパートナーシップ関係をスタートさせた」[49]。しかし、寺内は、首相としての初めて公開の場に立った一〇月末の県知事会議において、「日英同盟は、日本の外交政策の基本として残るのみならず、ロシアとフランスとの友好や協力関係の一層の強化に役立つ」とのべた[50]。

一九一六年末までに日露独同盟締結の一定の前提が整ったことはきわめて重要であった。日本は、ロシアとドイツが単独講和を締結すれば、ロシアとドイツとの間で同盟を結ぶ用意ができていた。しかし、そのような事態の展開への期待は、もろくも崩れた。リベラル大西洋派、何よりもまず、大英帝国やアメリカに親しみを持つ立憲民主党員（カデット）たちが、再び、同盟派のロビイストや情報機関の参加を得て、ロシアでの政権の座に就いたからだ。二月革命の結果を受けて、日本は急いで対独連合およびアメリカとの関係改善へと自国の対外政策路線を修正しなければならなかった。

第四章　シベリア出兵と後藤外交

一九一八年四月二三日、後藤新平は、本野一郎の辞任の後を受けて、寺内内閣の外務大臣となった。外相は、これまで職業外交官か海外で外交の仕事の経験をもつ政治家が任命されるのが普通だったから、外務省内ではセンセーションがまき起こった。外国、とくに「同盟国」の大使たちは、不安に駆られた。彼らはたいした根拠もないにもかかわらず、後藤が親独派に属し、汎アジア主義グループに近い人物と、疑いの目でみていた。新大臣は、官僚出身。ロシア人と中国人を除くと、外国人たちと付きあった経験をもたなかった。しかし彼は、日本の政界や実業界にたいして大きな影響力をもつばかりでなく、首相下で内務大臣としてすでに一年半働き、その信頼が厚かった。仕事のもっとも重要な部門を自分のもっとも親しい仲間に託す、という寺内流の任命法にもとづくものであった。

世界大戦がさらにどれくらい続くのか、誰も知るよしがなかった。同時に、寺内内閣がどのくらいもちこたえるのか、この問いにも誰も答ええなかった。第一次世界大戦後の建て直しをどうするのか、将来はどうなるのか。これらについての話しあいは、すでにはじまっていた。当面の焦眉の問題はロシア革命であり、ロシア極東に対する同盟国の武力干渉（シベリア出兵）であった。(1)

■シベリア出兵――親露派と嫌露派

当初、シベリア出兵のイニシアティブは、フランスがとった。フランス政府は、すでに一九一七年一一月にこの問題を提起していた。フランスは、戦争中に同盟国によってロシアに供給された武器や弾薬のストックがドイツやオーストリアの手に渡ることを警戒していた。フランス政府の考えは、それらの保全のために、何よりもまず戦争への関与がもっとも少ない日本の軍隊に協力方を要請するというものであった。パリにいるボリシェヴィキとのいかなる事前了解についても、フランスは聞く耳をもたなかった。彼らはドイツの走狗とみなされ、ドイツは不倶戴天の敵とみなされた。

イギリス政府は、ロシアの天然資源と輸送鉄道幹線を連合国の支配下に置きたいと考えていたので、フランスの提案を支持した。アメリカの指導層は、ボリシェヴィキとの妥協の道についての希望をまだ捨てきれずにいたが、ロシアへの軍隊の派遣に、原則として反対ではなかった。しかし、その派遣条件は、いかなる形のものであれ正統性を有するロシア政府からの要請が前提となっていた。ただし、当時のボリシェヴィキ体制がいかなる国によっても承認された存在でなかったことは想い起こされる必要があろう。

一九一八年一月の中旬、ウラジオストックの投錨地に同盟国の軍艦が集結した。そのなかには日本の巡洋艦「石見」も含まれていた。しかし、まだ街なかへの上陸部隊は多くなかった。行動の主要目的は「自国居留民の保護」である、と宣言された。日本政府は、特別文書で釈明した。「ロシアの政権樹立問題に介入する気持ちはいささかも持ちあわせていない」と。ボリシェヴィキの支配下にあるウラジオストック・ソヴィエトは急遽抗議文を出した。「すべての住民の保護は、…ロシア政府の直接的責務である。革命後これまでの一〇ヵ月の間〔専制打倒から数えて〕、ウラジオストックの秩序が一度として乱れたことはなかった」(2)。同盟国は、この抗議を無視した。未だ武力干渉とはいえなかったが、明らかにその序曲であった。

ロシアのヨーロッパ部と違って、極東では反対派による武器や軍事物資の占拠などの現実的な脅威は存在しなかった。しかし、それらを破壊された鉄道でドイツへ運ぶとするばあい、数ヵ月とはいわないまでも、数週間は必要と思われた。日本を不安にさせたのは、別のことであった。「所有者なき」武器が満州の独裁者、張作霖に渡ったり、ましてや朝鮮との国境近くにあるアムール川沿岸地方や沿海州地方で活動を強めている朝鮮の武装勢力の手へと流れたりすることだった。騒乱が迫るなかで、状況が危機的となるかもしれなかった。

一九一八年一月三〇日、イギリスの外務大臣アーサー・バルフォアは、同盟国列強の名において、ドイツを利することとなるシベリア鉄道利用を回避するために、日本にシベリア横断鉄道を軍事管制下に置くよう委任する案を提示した。後になって、これは本野外相の要請で発案されたことが明らかとなった。本提案は、一九一七年一二月末、ロンドン駐在珍田捨巳大使を通じて本野に手交された。東京では、すでに一一月一二日に、外交調査会（後述）の席でこのような措置の可能性にかんする問題提起がなされていた。その見通しについての具体的な審議は一二月一七日にはじまった。後藤は、その当初から、彼の権限の管轄外と思われることも含め、これらの計画に並々ならぬ興味をしめした。しかし日本の指導層は、何よりもロシア極東に対する日本の膨張策にかんするアメリカの疑念と批判を恐れ、みずからイニシアティブをとろうとはしなかった。このような背景もあって、バルフォアの委任案は日本の指導者層にとって非常にありがたく高く評価される提案であった。(3)ロシアにたいする日本の武力干渉にかんしては、ウイルソン大統領の主席外交顧問エドワード・ハウス陸軍大佐が異議を唱えた。一九一八年二月二日、ハウスは大統領に書いた。

シベリアへの日本軍出兵は、大きな政治的な過ちとなるでしょう。私は、損害も償うに足るいかなる軍事的利益を見出すことはできません。その侵略でボリシェヴィキ政府が抱くことになる敵意は改めていうにおよばず、人種問題一つだけを理由にしてもヨーロッパ中のスラブ人たちの反感を買うこととなるでしょう。

後になって、ハウスはこの書簡を公開し、次のコメントをおこなった。「ウイルソン大統領は、明らかにひとつのことを恐れていた。いったん日本の軍隊がシベリアに出兵した場合、そこに居続けなければよいがとの懸念である。日本軍を撤退させることを説得する難しさにかんする悩みであった」[4]。三月五日付外交文書で、ワシントンは日本政府にたいして、ロシア極東への軍の派遣にかんするいかなる単独行動も容認し難い旨を通告した。ウイルソン政府は、このような方針をその後もとり続けた[5]。

日本の指導者層の間で将来の干渉と出兵見通しについての意見の食い違いが、顕現化した。一九一八年四月、ペトログラードから帰国した内田康哉大使（前外相）は、ボリシェヴィキ体制の承認にも反対し、また、国力と資源の浪費となる干渉にも反対するとの意見をのべた。彼は、ロシアを日本の将来の有望な同盟国とはまったく考えていなかった。元老西園寺公望、政友会の党首で首相の有力後継者である原敬、外相経験者である加藤高明、牧野伸顕、石井菊次郎も、同様の見解に固執した。四月四日、内田は原にたいして情勢にかんする自己の見解を詳細に報告した[6]。彼らの全員は親英米派で、ロシアへの親しみを持たないいわゆるリベラル派に属していた。

山縣ほどの影響力はないものの、それでも政友会という固有の政治基盤を持つ西園寺の支持に頼りながら、牧野と原は、対外政策の策定にさいし、政府と議会間のコンセンサスを作るために、一九一七年六月に設立された外交調査会を自分たちの支配下におこうと試みた。外交調査会を主宰したのは寺内首相。そのメンバーは以下のとおりであった。外務大臣の本野、内務大臣の後藤、陸軍大臣の大島健一、海軍大臣の加藤友三郎、枢密顧問官の伊東巳代治、貴族院議員の牧野伸顕と平田東助、下院会派の指導者、原敬（政友会）と犬養毅（国民党）。憲政会総裁の加藤高明は外交調査会への参加を拒否した。憲法で予見されていなかった同機関の設置に当たり、寺内、本野、後藤は、対外政策の策定を自分たちの支配下におくこと、その独占権を外務省の官僚たちから外交調査会へと奪いとることを欲した。(7)

ロシアにたいする干渉の反対者たちは、日本のロシアとのパートナーシップや同盟によって日本にもたらされる利益に懐疑的であった。彼らは、ロシア極東における日本市民の生活、権利、財産の保全という最低の努力に限定することを提案した。その後、日本市民を退去させ、国境を閉鎖した後国境を厳重に管理することを提案した。

本野をはじめとする親露派の人たち、とくに後藤までもが、なぜロシアへの干渉に賛成したのか。第一に、彼らは、ロシアの旧体制と仕事をすることに慣れていた。また、すでに協力関係が確立されていたので、ロシアの旧体制を維持したいと望んだのである。協議ができるかどうかといったロシアの国家体制の具体的形態の問題は、専制君主政体であろうと、議会共和制であろうと、その間に基本的な違いはなかった。たとえば本野は、厳然たる君主制主義者であった。本野が外相を辞任したとき、ボリシェヴィキの外務人民委員部のゲオルギー・チチェーリンはのべた。

日本においても、国民の運命を決する権利獲得に向けての闘いがゆるやかとはいえ、確実にはじまっている。この闘いは、何よりもロシアの内政への干渉問題に反映した。本野子爵は、日本のシベリア出兵の教唆者であり、滅びつつあるが未だ強力な封建制度の代表者である。彼は前ロシア公使で、日本に避難したロシア反動者勢力と密接に結びついている。そうした人物には消えてもらわなければならない(8)。

本野の退任の公式説明は、大臣の病気と発表された。観測者たちはそれを「外交的」とみなした。本野は、実際、重病(がん)を患っていた。退任後、わずか四ヵ月半で亡くなった。

第二に、ロシアの国家体制の急激な変化によって、極東における政治的不安定が同地域における日本人の存在と経済活動に大きな妨げとなったことである。不安定、それに続く中央政権の欠如を、誰もが利用しようとした。特典や利権を得ようとアメリカ人を含む外国人、個人的蓄財をはかる簇生した地方「支配者」が出現した。ボリシェヴィキはそれまでの契約や義務のすべてを無効と宣言し、私有財産に「宣戦布告」をおこなった。日本の利害は、直接的な脅威にさらされたわけである。それゆえ極東における干渉は、産業界、貿易界、金融界が、状況改善のために危機を利用するのみならず、たんに財産を保全しようとして支持したのである。前者の一人、西原亀三は積極的な干渉論を支持した。彼は寺内首相の側近顧問のひとりで、個人としては満州における日本の地位の強化に興味をもち、したがって沿海地方やアムール川沿岸地方の状況を憂慮していた。

第三に、中国人や韓国人を含む他国の人民を、「搾取者と植民者の抑圧」から「解放する」よう扇動する共産主義の宣伝が、日本の植民地政策にとって直接的な脅威となった。ロシア革命は、朝鮮人たちの間に民族運動の高揚、千載一遇のチャンスを逃がすまいとする決意をもたらし、一九一九年三月一日、民族主義者たちは韓国の独立を宣言した。このように、日本人とボリシェヴィキは戦いの前線で別々の立場に立ったのである。

第四に、ロシアの左翼勢力はアメリカを「民主主義」国家とみなし、アメリカを「封建的」日本の帝国主義に対抗するための同盟国の一つとさえみなした。ボリシェヴィキのなかで最有力者のひとりレフ・トロツキーは、親米的な気分だった。彼は、一九一七年／一九一八年の冬、アメリカとイギリスの密使たちと秘密交渉をおこなった。後になっても、ボリシェヴィキはアメリカの資本階級を「非政治的」とみなし、「政治色の強い」日本の資本家階級に比べ危険性が少ないとみていた。

——以上のような諸要因が、外交官やビジネスマンにとどまらず、極東や北サハリンを直接の支配下に置くとはいわないまでも、そこに日本の利益の優位性を無条件に認めさせようとする多くの軍人に大きな影響をあたえた。じっさい、軍部は、すでに、一九一七年一一月、ロシアへ軍隊を派遣する具体的な計画の作成に着手していた[9]。ワシントンは、当然のことながら思った。日本の「軍事指導者たちが、干渉の結果極東と樺太北部を支配下におくことができると考えなかったら、干渉にさして大きな意義を認めなかったであろう[10]」。

いかなる干渉も、著しい資金の損失と人命の犠牲を伴う。それゆえ、寺内内閣も長い間逡巡したのちはじめて干渉を決定した。シベリア横断鉄道を支配下に置こうとするのみならず、ボリシェヴィキと武力で戦うためにロシアに軍隊を派遣すべきと最も熱心に主張したのは、協商の創設者のひとりの本野であった。彼は、一九一七年一二月、フランスの首相ジョルジュ・クレマンソーのしかるべき提案を支持したが、よりバランスのとれた政策遂行を志向しようとする寺内や後藤を含む閣僚の支持を獲得できなかった。

軍国主義者のリーダーと考えられていた元老山縣有朋は、突然穏健な立場へと変わった。彼は三月一五日、寺内、本野、および後藤宛てに明快かつ断固とした一文を書き送った。

　ボリシェヴィキ政府とドイツ間の単独講和条約締結後に、ドイツが極東における勢力拡大に動いてくる恐れがあるとの理由で、わが国の軍隊の即時派遣を考えることはまったく時期尚早である。ロシアが助けを求めてくる前にロシアの領土へ干渉することは、おそらく名案かもしれない。だがこれは、ロシアの政府大権への介入なのである。このようなやり方は正当化されるものではない。イギリスとくにアメリカを、われわれと敵対させることになる。…ロシアとの関係におけるわが国の対露政策を明確にし、ロシアの対イギリス、フランス、アメリカ政策の本質をあらかじめ確認しておく必要がある。(11)

同盟国は、一方では日本人を突撃部隊として利用しようとし、他方では極東における日本の膨張を抑制しようと動くであろう。山縣は、このことに危惧をいだき、政府に対して拙速行動に走らぬようにと注意をうながした。

一九一八年三月二六日、本野は議会でのべた。

日本政府はどの国にたいしてもシベリアの武力干渉で、軍事行動を起こすよう何一つ助言したこともないし、勧めたこともありません。しかし、日本政府はシベリアにおける現下の情勢を見るかぎり不安を隠せないのです。とくに、ドイツの影響力の東方への拡大は見逃すことのできない脅威であります。日本政府は、同盟国から、この問題にかんし、いかなる共同提案も受けていません。もし将来において同盟国政府が日本に提案をするのであれば、日本政府としては真剣に検討する用意があります。…もしシベリアの状況が日本帝国の安全やその死活的利害にとっての脅威となるなら、わが国は断固として自衛のためのしかるべき措置を取る覚悟であります。しかし、万一わが国が情勢に押されてシベリアに軍隊を派遣せざるをえなくなっても、ロシアを敵とみなす意図はいささかも有していないのであります。われわれは、ヨーロッパ・ロシアでドイツがおこなっているような侵略的政策を決してとるつもりはありません。ここに、このことを断固として、衷心から言明します。われわれは、ロシア国民に深く温かい同情を寄せており、ロシア国民との熱い友情が継続し発展することを望んでいます。われわれの同盟国のすべてが、この考えを共有してくれるものと信じるものであります(12)。

本野は、外交調査会での抵抗にあっているので、反対派議員や新聞からの不愉快な質問には、逃げの一手に出た。彼の発言には弱いところが多かった。しかし、次の一点にかんするかぎり、大臣は無条件に正しかった。干渉の主唱者が日本でなかったことである。日本の軍部が沿海地方を統治し、貿易業者たちが当地の市場を支配したいといかに欲しようとも、東京はアメリカとの衝突を避けて共同行動への誘いを待つほうがよいと考えていたのである。

一九一八年四月、一方における本野、他方における内閣と元老――これらの間の意見の不一致は頂点に達し、外相の退任が決定的となった。

■新外務大臣とその計画

四月一七日、後藤は原と長時間、ロシア情勢について話しあった。そのなかで、ボリシェヴィキと闘うコサック首領(アタマン)、グリゴリー・セミョーノフ*の部隊を支援する可能性についての話が出た。このときまでに、後藤は自らのスタンスを武力干渉肯定派へと変え、原のあらかじめの支持をとりつけたいと思っていた。その上この会談の折に、重要な一言が囁かれた。「近々本野の退任と後藤就任があり得る」と。山縣はそのような選択に同意するであろうと、後藤がほのめかした(13)。

*国内戦当時のコサックの首領、暴動の指導者。

英米派は、本野に代えて、駐露大使の内田康哉、または駐英大使の珍田捨巳を推薦した。しかし、寺内は後藤を選んだ。寺内は情勢判断について彼と見解をともにし、個人的にも後藤を信頼していた。いまや、新大臣と他の官庁や政党との間の協力関係の強化が不可欠であった。まさにこのような目的で、寺内と原の間で、四月二二日、ロシア情勢についての長時間の会談がおこなわれた。干渉の展望に懐疑的な原のスタンスを知って、首相はアメリカとボリシェヴィキとの接触の状況、またモスクワの承認を条件とする東支鉄道のアメリカへの譲渡の可能性などの点に原の関心を引こうと努めた(14)。

問題は、ロシアの鉄道輸送秩序を取り戻すために一九一七年秋アメリカで結成された、三五〇人の技師と技手から成るロシア鉄道使節団をどう取り扱うかであった。一九一七年末、同使節団がウラジオストックに到着したが、ボリシェヴィキ革命のために仕事にとりかかることができず、ほとんど全員が一時的に日本に向けて出発せざるを得なかった。一二月二四日、ローランド・モリス大使と使節団の一行を統率する技師ジョン・スチーブンスが本野を訪ね、大陸への軍隊の派遣で大規模な革命的暴発がさらに起こることのないようにと要請した。しかし、大臣（本野）を動かすことはできなかった。

使節団は無為に苦しんだ。そこで、スチーブンスは、東支鉄道、そして将来はシベリア鉄道のイルクーツクまで、奉仕活動の範囲を広げることを提案した。この提案はワシントンで採択された。一九一八年二月、スチーブンスがハルビンに赴き、東支鉄道の実力を握るドミトリー・ホルワート将軍に会ったが、将軍は彼を自分のポストを狙う恐れのある人物とみて、不信感をいだいた。三月二七日、長時間の交渉後、ホルワートが技師を使うことだけに同意した。アメリカ人技師の第一陣（約一〇〇人）が、三月初めに日本からハルビンに到着した。しかし、仕事がスタートしたのは四月半ばになってからのことであった。この頃、モスクワにいたトロツキーは、ロシアのヨーロッパ部に鉄道技術者を派遣して欲しいとの要請を、アメリカの代表者たちに訴えていた。スチーブンスおよびロシア駐在アメリカ大使デビッド・フランシスは、その提案を支持した。しかし、アメリカ国務省は同意しなかった。というのは、ボリシェヴィキによってコントロールされている領土で輸送作業を改善しても、それは結局ドイツの手中へと渡るかもしれないことを懸念したからである。アメリカがホルワートと争って東支鉄道を日本の完全な支配下に追いやるのを避けたい意向も働いていた[15]。

大臣任命のときまでに、後藤は、個々にとられた政治的および軍事的行動としてではなく、グローバルな対外戦略の一部として、干渉を断行しようとする支持派にまわっていた。彼は、世界政策の主勢力が、一方ではアメリカであり、他方ではドイツであるとみなして、「攻撃的な防御」を首尾一貫して実現できる以下のような計画を提案した。

（一）ツァーリ政府及び臨時政府の契約に基づき、ロシアに供給された蒸気機関車や貨車の処理にかんする日本の権利についてアメリカと交渉すること。
（二）日本の極東政策の目的と課題にかんして、米・英・仏の原則的な同意をとりつけること。

（三）シベリア出兵は、事情が許すかぎり、イルクーツクから東方の沿アムール地方、またシベリア鉄道の占領を伴うこと。

（四）陸海軍の近代化と装備更新を進めること。

（五）北満州における平和と秩序の維持のために排他的権利を日本に認めることについて中国と交渉すること。[16]

五月二日、後藤は外交調査会で、自己の計画をかいつまんで説明した。それは日本の防衛と安全のための諸措置の重要性を強調したものであった。彼は、干渉の反対派を味方につけようとして、その後も常にこの議論を繰り返した。

日本の提案する諸措置は、協商国の政府にたいして、日本が同盟国としての義務に忠実であり、それらを完全に遂行するであろうことを示すものでなければならなかった。中国にかんしては、ドイツを締め出すことにより、日本の競争相手である米英ではなく、日本を一方的に強化することを想定していた。後藤は、加えて、シベリアの天然資源を開発できる最大限の保障を克ちとっておきたい、と考えていた。アメリカは、この点に注目した。

新大臣がこの計画をひとりで作成したとは、もちろん思えない。彼を助けた人々のなかで注目されるのは、後に外務大臣となる広田弘毅（通商局第一課長）、有田八郎（政務局第一課長）、松岡洋右（外相秘書官）の三人。[17] 後藤は、軍人層（長州閥）ならびに実業界の相当部分の支持を得ていたが、諸政党の意向も汲んで、協調してやっていかなければならないことを、よく理解していた。寺内内閣が非政党内閣であったからである。職業的外交官で権威主義的なリーダーである本野は、政党と協調する資質をまったくもちあわせていなかった。

アメリカとの交渉は、駐ワシントン大使の石井菊次郎を通じてはじめられた。彼と国務長官ロバート・ランシングとの関係は悪くなかった。イギリスはヨーロッパ・ロシア地域ですでに全力をあげて武力干渉を展開しており、アメリカにたいして極東で断固とした行動をとるように促していただけに、対米交渉は容易になっていた。石井は、ドイツ嫌い、親協商派で、「ロシアのドイツ化」を回避するためなら、共同行動についてのウイルソンの同意を得る決意に満ち満ちていた。大使の行動は、その地政学的見解の違いこそあれ、その目的とするところでは後藤と一致していた。

いまや、ヨーロッパの同盟国と理解しあうことが不可欠であった。ロンドンで珍田は、後藤の委任を受けて、バルフォアとこの件について数回会談をおこなった。そのことについて、外交調査会のメンバーたちは、六月五日、次いで六月一七、一九、二〇日の定例会議の席上で報告を受けた。すでにロシア・ヨーロッパ地域で干渉を展開し、それを極東に拡げようとしている連合国が一体となって日本に武力干渉参加を「誘う」ことを、後藤は望んでいた。そうすれば、東京がさらなる要求を出しやすくなり、国際世論を前にして日本の政策の評判を落とさずに済むだろう。外交調査会は、長時間の議論の末に、最近の情勢を考慮し、日本の軍事行動がロシアの領土的一体性を侵害するものでも、国内政治闘争に介入するものでもない、と説明する必要を認めた。(18)

諸列強との交渉が続き、ホルワートとの関係が円滑化し、セミョーノフにたいする支援策が議論されている間に、六月二九日、「赤軍」ウラジオストックに一九一八年四月末から駐屯していたチェコスロヴァキア軍団が反ボリシェヴィキ・クーデタを敢行した。七月三日、連合国の最高軍事評議会は、アメリカにたいし極東における干渉に参加するよう要請した。ウイルソンは合意し、七月八日、日本にも当該招請状が発せられた。日本は、一日早く、七月七日、それをイギリスからすでに受領済みであった。

■アメリカ・ファクターと日本の決断

しかし、ワシントンにおける石井の努力がまだ半分の結果しかもたらしていないなか、国務長官ランシングは、七月初め、日本も含む連合諸国の出兵のアイデアを支持した。ウイルソン大統領は日本のさらなる膨張を阻止する意向をほのめかした。日本の膨張こそが、後藤が遠く将来を見据えた考えの核心的内容に他ならなかった。軍部は、出兵に遅滞することこそが致命的となると主張した。七月一二日、干渉の正式決定が採択されないにもかかわらず、軍隊の派遣準備を進めてよいとの内閣の同意を取得した。

七月一三日、後藤は、原と会い、シベリア鉄道の状況を概説し、早急な干渉が必要だとのべた。会話のなかで、馴染みのテーマが再び話題となった。すなわち、軍事干渉の条件としてのロシアの領土保全、国内闘争への不干渉、アメリカとの統一行動、である。チェコスロヴァキア軍団にたいする支援が、干渉にとり有利な新しい根拠となった。後藤は、日本で予想される反対者たちを説得し、アメリカによる政策承認を容易にするつもりであった。日本案にたいするワシントンの公式合意を得ることが、外務省の主たる課題となった。原は、注意深く聞き、会話の詳細を書き止めた。その日の夕方、自分と同じ考えをもつ人々、味方になりうる人々と相談しはじめた。最初は牧野、次いで内田大使、そして有力な枢密顧問官の三浦梧楼である。[19]

非常に多くのことが、元老山縣の双肩にかかっていた。各方面で山縣の判断が必要とされた。山縣は、出兵成功の条件が未だ熟していないのではないかとの懸念を抱きながらも、長い逡巡の末、七月一五日ついに承認した。元老、首相、閣僚たちとしばらく協議のうえ、後藤は、ロシア派兵問題は機が「熟し」、外交調査会の審査に耐えうるものと判断した。

七月一六日、外交調査会が開催され、後藤によって準備されたワシントンへの公式文書についての報告がおこなわれた。出席者たちにたいする質問に答えるなかで、後藤は、アメリカの同意が得られることが望ましいが、それをかならずしも必要条件とは考えていないと説明した。ロシアの情勢、何よりもまずドイツとオーストリアの捕虜たちが協商国に敵対して武装する恐れがあり、即時干渉が求められているからであった。後藤はまた、日米間の派遣数の対等の原則にも反対した。チェコスロヴァキア軍団は完全にアメリカの影響下にあり、アメリカも自軍の一部と認めていたからである。派遣軍の具体的な員数問題にかんしては、大島陸軍大臣が説明した。彼は、最初の一段階が成功すれば、干渉の規模を拡大するとの考えを抱いており、これは全く後藤の案と一致するものであったが、彼の反論者たちの警戒感を高めることとなった。

案の定、原と牧野が反対した。後藤の事前の説明にもかかわらず、彼らは、ウラジオストックにおける連合諸国軍隊の駐留の厳格な制限枠から逸脱する日本独自の行動こそがまさに問題であり、アメリカとの間で最も深刻な結末を孕む紛争をもたらすことになる、と主張した。原を背後で支えるのは、彼が率いる議会多数党の政友会であり、内閣の堅固さは、政友会に依存していた。小党である国民党の党首、犬養もまた、干渉支持者ではなかった。憲政会は最も反政府的な野党であり、外交調査会の活動には原則的に参加しなかった。議会で各党は激しい議論を闘わせたあと、後藤案の反対に結集するようになった。

干渉の反対者たちの発言が終わり、散会となった。後藤と伊東巳代治は、すぐさま宣言文言の修正作業に入った。その修正稿は、翌日の七月一七日、外交調査会のメンバーに提示された。原は、日米の行動の統一、武力干渉および派兵要員の規模の制限にかんする規定を修正稿に含めること、その後の措置すべてにつき調査会の承認を要するとの考えに固執した。

交渉を早急に成功させるために、後藤には譲歩する覚悟ができていた。夕方までにある程度の合意をみた。牧野が、文字通り最後の瞬間に出席者の注意を引く発言をおこなった。修正案には、干渉の主要な動機であるチェコスロヴァキア支援がきちんと述べられていない、と。後藤、伊東、寺内はこの点がじつは口実に過ぎないと考えていたので、そのことをうっかり見落としたのだった。

だが、当該文言を欠いてはアメリカの同意は期待できなかった。修正作業は忙しくなった。外務大臣は、これらの困難をすべて一身に引き受けた。極度の疲労と精神的緊張感から、病に倒れる寸前であった。

七月一八日朝、最終案ができあがった。山縣と寺内の了解を得て、後藤と伊東巳代治は、それを午後二時、外交調査会に提出した。短時間の審議の後、最終案は承認された。大臣は、天皇の裁可を得るために皇居に参内した。翌日、ワシントンとロンドンに向けて電信が打たれた。同盟国の回答次第となった。[20]

日本の干渉は、ロシア国民への友好的態度から出たものであり、ロシアが速やかに法や社会秩序、「国民生活の健全な潮流」に回復するよう支援したいという善意から出たものとされた。出兵の具体的な目的として宣伝されたのは、ロシアが中欧列強〔独墺〕の支配下に入ることの阻止であり、チェコスロヴァキア軍団を支援してボリシェヴィキ、独墺捕虜による武装攻撃に対抗することであった。シベリア鉄道の秩序の維持が必要なことも触れられた。後藤は、満鉄総裁および逓信大臣を歴任していたので、これを後回しにはできなかった。政府は、公式声明を出した。ロシアとの友好関係を維持する方針である。ロシアの領土保全を尊重し、したがってロシアの主権が完全に復帰されたら日本軍は速やかに撤退する。これらを約束する内容であった。[21]

ワシントンからの回答は、一〇日近く待たねばならなかった。ワシントンは、きわめて重大な問題についての決断を迫られているということをよく理解していた。東京でも宣言文が作成され、承認されてはいたものの、議論が鎮まることはなかった。七月二二日、原は、外交調査会の作業に参画しなかった憲政会リーダーの加藤と前ロシア駐在大使内田との会話を日記に記録した。二人を結束させたのは、地政学上の大西洋派であると否とに関わりなく、政府および干渉計画への反対であった。(22) 外交調査会のメンバーに入らなかった西園寺も、反対であった。彼は、元老の地位にあったものの、山縣のような勢力をもたなかった。そこで原を通じて状況に影響をあたえようと努めた。(23) 野党諸勢力の結集を阻止するため、後藤と逓信大臣の田健治郎は、アメリカが反対の場合でも原を政府路線支持へと説得しようとした。しかし、政友会総裁である原は自己の考えに固執した。加えて、加藤高明は内田康哉を通じて、統一戦線を組み、干渉に反対するよう原に提案した。以前は後藤を熱心に支持していた伊東巳代治でさえ、回答を待ち望む間、動揺を隠さなかった。(24)

他方、軍部は、政府が一個師団(最大でも二個師団)の大陸派遣すらも制限しようとしているとの不満を表明した。一個師団では、広汎で大規模な軍事作戦をおこなうために不十分であることは、明らかであった。軍部は、これらの問題が、憲法にもとづいて天皇に直属し、内閣あるいは他の国家機関のいずれからも独立している統帥部の専管事項であると考えていた。後藤と寺内は、他の方法ではワシントンからの同意は得られないと考えた。そこで、首相は、参謀総長の上原勇作が非妥協的な立場をとっていることから、大島陸軍大臣と参謀次長田中義一との間で話を進め、合意するにいたった。大島は、「最初は一個師団、その後は必要に応じて、また事態の進展次第で考える」という妥協的表現を行った。このようにして、軍の指導部の同意が得られた。

ワシントンからの公式の返答がないにもかかわらず、シベリア出兵の準備が全速力で進められた。ハルビンやウラジオストックに、鉄道の状況調査、稼動開始のための諸施策策定を目的として特務機関が派遣された。その後、外務省は経済計画の策定に当たった。七月二六日、後藤外相公邸で外務省、大蔵省、銀行界の代表者たちによる会議が開かれた。会議では、アメリカの支配下に入る前に、極東や東シベリアで着手すべき事項について協議がなされた。有田八郎、広田弘毅、松岡洋右といった計画の作成者たちを含む参加者の多数は、国家機関の指導・統治下で経済膨張を進めることが望ましいし、必要でさえあるとの結論に達した。外務省政務局長の小幡酉吉と外務省通商局長の中村巍の二人は反対した。彼らは、他国の領土における経済的利権や特権の確保は民間の財閥の仕事であり、国家の仕事ではないと主張した。彼らは少数派であった。

計画どおりの政策実現のために、八月、後藤のイニシアティブで、彼の日露協会の協力者、目賀田種太郎を委員長とする臨時シベリア経済援助委員会が創設された。ソヴィエトの歴史家は、シベリア出兵がロシア経済にあたえた「巨額な損害」について記すことを好んだ。そして、「連合国列強、とくに日本は自国の経済的利益のみを追い求めてきた」点を指摘した。この認識は、確かに正しい。しかし、シベリアの天然資源の「開発」または「略奪」から利益を得るためには、先行投資が必要であった。日本側の準備は整っていた。(25)

そうしているうちに、連合国の首都から、回答が入りはじめた。ロンドン、パリ、ローマは、日本にたいして全面的かつ無条件的な支持を約束した。ワシントンは沈黙したままであった。後藤は、石井の努力だけに頼ることなく、個人的にも奔走しようと決意した。七月二二日および二六日、彼は、秘密裏にアメリカ大使のモリス（通訳は、鶴見祐輔、後藤の女婿、後藤の協力者、後の後藤の伝記作家）を訪ねた。日本の考え方の合理性と正当性を、全力を用いて説いた。モリスは冷淡に振る舞い、東支鉄道の支配者ホルワートを支持するつもりか、北満州を占領する意図か、と尋ねた（アメリカは、ロシアの最高指導者と宣言したホルワートを反動主義者とみなしていた）。後藤はしぶしぶ、これを認めた。日本が北満州を、または東支鉄道だけでも単独で占領しようとする、いかなる試みも連合国の共同行動を不可能にすると、モリスは回答した。

七月二七日の夕刻、待ちに待った回答が、国務次官フランク・ポークから石井大使に届けられた。アメリカ合衆国政府は、宣言案の一連の修正を要求してきた。日本に同様の派遣をおこなう権利を認め、派遣人数を一万人または一万二千人規模とすることに反対しない（この点については追加的に同意されることが提案された）が、日本のいかなる「特別な地位」も認められないという。どんな単独行動であろうと、アメリカの不参加をもたらすことを警告したのである。そのうえ、干渉の地域をウラジオストックに限定し、シベリア鉄道や東支鉄道についての言及を文面から削除した。

寺内とともに後藤は、絶望に近い失望感を味わった。彼らは、アメリカの同意を当てにし、そのために一連の重要な譲歩をおこなった。彼らが受けとったのは、同意ではなく、実質的な拒絶であった。伊東巳代治が、助け舟を出した。行間に隠された別の意味を正しく理解する必要がある、と。彼の考えによれば、アメリカ政府は、ザバイカル州と東支鉄道用地まで日本の干渉が及ぶことに原則的に同意しているが、民主主義的体裁による「体面の維持」を迫られている。だから、その視点を盛り込むことが必要不可欠である。伊東はまた、ロシアへの派兵員数問題を追加的に審議すべきだという指摘は、世論を関与させず、非公式なやり方で問題の解決を図るワシントンの意向をしめすものとみた。アメリカが日本の同盟国になるための条件はすでに整っている。伊東の結論は、「アメリカの面子《めんつ》が立つ」ように配慮し、宣言に提案された修正を加える必要があるものの、合意をした後に予期できなかった情勢変化を口実に自己流に振舞うことは可能である、というものだった。

後藤は、修正案を仕上げ、それを応諾して貰うために、山縣のもとへ馳せ参じた。老元帥はアメリカとの衝突を恐れていたので、直ちに賛成した。が、閣僚の説得は困難だった。ある者たち、とくに陸軍大臣の大島と逓信大臣の田は、いかなる追加の譲歩にたいしても聞く耳をもたなかったからだ。七月三一日と八月一日の朝におこなわれた二回の会議（後藤は二回目の会議に欠席した）で、政府は結局伊東―後藤の譲歩案を否認した。このために、八月一日午後三時、再び外交調査会を招集せざるをえなくなった。

この会議は、声明の命運、そして結局は干渉そのものの運命を決める重要なものとなった。同時に、最終的にシベリア出兵そのものの可否が決せられることになった。伊東は原と合意することができた。そして、「非妥協的」な閣僚たちの妨害にたいして、厳しい批判をおこなって対決した。牧野と犬養は若干の逡巡をしたあとで、伊東の提案に同意した。チェコスロヴァキア軍団を支援するために、ウラジオストックに「必要な員数の」軍隊を派遣することが決定された。将来の員数と活動範囲（具体的には予告されなかった）は、状況次第という説明が付された。審議に加わらなかった加藤を含む「リベラル派」は、アメリカの修正が採用されたということは自分たちの勝利に他ならないとみなした。

翌日、寺内は、最終修正案にたいする内閣の最終的な承認を取りつけたあとで、天皇の裁可を得た。八月二日の夕方六時、宣言が公式に発表された。必要な解説が付され、ワシントンに打電された。ウラジオストックへの軍派遣に向けて遅滞なく行動することが命じられた。(26)

■アルカディー・ペトロフの訪日

まだロシアの地方政権との間の取り決めが、残っていた。問題は、いったい誰と話すのか、きたるべき干渉地域における合法的政府の代表者は誰なのか、であった。ホルワートやコサック隊長セミョーノフの協力は期待できるのか。東京には、ワシーリー・クルペンスキー大使が居残っていた。彼は、一九一六年にツァーリ政府によって任命され、その後臨時政府によって追認されたものの、一九一七年末にボリシェヴィキによって解任されていた。日本は、ボリシェヴィキを認めていなかった。このために外務省は、クルペンスキーとのみコンタクトしていた。クルペンスキーは、本野の友好的配慮を利用し、外交団の主席となったので、ステータスは以前にも増して高いものとなっていた。

クルペンスキーは「政府なき大使」の曖昧な立場にあって、極東における反ボリシェヴィキ勢力の統合と進展を注意深く見守っていた。クルペンスキーが最も好意を抱いたのはホルワートで、クルペンスキーはホルワートが大使として政府を代表することに同意し、彼を全面的に支援しようと努力した。しかし、極東およびシベリアの情勢は日毎にその複雑さを増していた。(27)

一九一八年八月二〇日、シベリア地方議会の議員アルカディー・ペトロフが日本に到着した。彼は日本の経済問題にかんする著作で名前が知られている人物だった。形式的には個人の資格で、茶の買い付け交渉のために来日したことになっていた。しかし実際のところは、自治シベリア臨時政府を代表していた。当時、同政府は右翼エスエル（社会革命党）のピョートル・デルベルが率いており、次いで、シベリア「地方主義者」イワン・ラブロフが率いることとなった。クルペンスキーは、この政府を「分離主義的」とみなして認めておらず、客人を冷淡にあしらった。一九一八年九月一五日に東京にいたペトロフの当時の報告をみよう。この興味深い文書は、これまで現代の読者たちには知られることがなかった資料である。(28)

私は、彼に、シベリア議会の一員として日本の外務大臣である後藤男爵との面談を望んでおり、面談の折にはシベリアの現状を報告するように求めていると相談をもちかけた。クルペンスキー氏は、最初、私の訪問について後藤につなぐことを断固として拒否した。そこで、こう告げた。「私はウラジオストック領事団の団長を務める日本国総領事［菊池善郎］から後藤宛ての紹介状を持ってきているのです」と。まさに、彼はロシア大使であるのだから、私の要請を後藤に報らせるべきである。そうすることによって、ロシアの統一を日本に誇示することができる。また、シベリア自治はロシアからの分離を意味する――こういった東京で広がっている根も葉もない噂話の息の根をとめることができる。そのようにのべて、私は執拗に食い下がった。

私の公的地位は、シベリア政府選出に参画したシベリア議会の議員。このために、後藤訪問が叶えば、「分離主義的」という誤解につき説明することができる。私の地位は、クルペンスキー氏の大使という高位を少しも損なうものではない。

もし、彼が私の要請を拒絶しても、私は矢張り後藤を訪ねることとなる。その場合は、ロシア市民、シベリア議会の議員である私にたいし、大使が協力を拒否した事実を、電信でシベリアに知らせることを余儀なくされよう。さらに重要なことは、私が日本の総領事から後藤宛ての紹介状を持ってきているということである。クルペンスキー氏は同意せざるを得ないであろう。

大使は外務大臣との連絡をとって、客人が即刻迎えられることを知った。ペトロフと後藤との会見が実現し、その様子は次のように記されている。

彼の応接は素っ気ないものであった。私は彼に、ペトログラードでの出会いを思い出させた。二人は、露日協会にかかわる共通の知人や共通の仕事を思い起こした。最初の壁であった氷が融け始めた。

彼はたまらず、ホルワート政府とシベリア政府の間にどんな喰い違いが存在するのかと質問してきた。私は彼に答えた。

「ここにいる私は日本の経済状況に興味をもつ個人に過ぎませんが、議会のメンバーとして、もし御関心があるのでしたら、貴下に詳細にシベリア運動について説明することができます。ロシアの真の友人――貴下は自任しておられる――は、現状を知るべきだからです。」

彼は、さらに私に話を続けるように促した。私は彼にロシア連邦樹立計画を概説し、シベリア運動を新生ロシアが樹立される基盤を構成する一部であると表現した。また、二つのシベリア政府についての作り話の非を説明した。今回の日本の宣言について作成者の彼に満足の意を伝え、どんな支援がシベリアに必要なのかを明確に伝えた。私があたえた情報が彼にとって全く新しいものであることは、誰の眼にも明らかであった。

私のシベリア政府の法的性格についての報告を聞いて、彼は、ホルワートとシベリア政府の間に存在する違いについて彼なりの結論を出した。というのは、私は、シベリア政府についても、ホルワート一派についても、語ることを完全に控えたからである。私は彼に言った。「新生ロシア建設途上にあっては、シベリア政府は、おそらく、連合国も独裁者と自称する諸個人といろいろな理由から一度ならず関係をもたざるを得ないでしょう」と。

そのうえで彼にたいしても――その後多くの人たちにも――以下のように語った。本質的な違いは、人民によって選出されたシベリア政府が人民と堅固な結合を維持し、人民に近く、人民の心理、気分、要求を理解していることが同政府に自己の力、祖国の未来にたいする確信を持たせている点にある、と。シベリアっ子たちは自分たちの力を信じ、連合国から軍事・経済力の再建にかかわる物的・技術的支援のみを受けることを願っている。他方、ホルワート一派は、人民との結合を失い、自己および人民の力を信用できなくなって、自国の救済をもっぱら外国の銃剣と鞭に頼ろうとしている。この分析は彼をいくらか驚かせたようだ。

後藤は「あなたは何を依頼するために来日されたのか」と尋ねた。

「私は、何かをお願いをする権限を持っておりません。シベリアで起こっていることを語り、日本の政治家が自らしかるべき結論に達することができることを思って来日したのです。私は、シベリア議会の議員の一人として、シベリア全土でシベリア議会によって選出されたシベリア政府の樹立が宣言されていることを、日本の外務大臣である閣下に完全に公式に説明することができるのです。日本の軍部や領事館員たちは、われわれロシアの視点に立てば、合法的政権すなわちシベリア政府と折衝すべきです。公式の承認がなされるまでの間は、当政府と実務関係を持ち、日本総領事にはウラジオストックに駐在しているシベリア政府代表と実務的関係に入るように、そしてオムスク政府との統合後は統合政府に公式代表を派遣するように求めるべきです。軍事的関係についても全く同じで、シベリア政府の陸軍省が当ります。同じく、住民にたいする財政的、経済的支援は、シベリア政府の当該機関を介して実施されることになります。」

後藤は慎重に耳を傾けたあと、のべた。「新しい状況は、新しい結果ももたらすものだ」と。彼が、ロシアのどれか一つのグループに好意をしめすことは考えられない。絶えずロシア全体を助けたいとの思いを、彼は強く抱いていたからである。外国人がロシア問題を理解することは極めて困難であるが、全てのグループが合意にいたることを願うのは、もちろん望ましいからであった。

彼はウラジオストックの総領事にたいし、私の訪問と私の要請について打電した。彼がそこで何を言おうとしたのか、私には正確には分からない。しかし、そこに彼の新たな方向への第一歩をみたい。ウラジオストックの領事や海軍提督加藤寛治は、シベリア政府の友人であり、後藤や支持する軍内グループの不興を買っていたからである。後藤は私に再度訪ねて来て欲しいと言った。そして、必要となったら、若干の事実の説明をお願いしたいともつけ加えた。

これ以上付け加えねばならないことがあろうか。

ボリシェヴィキによるシベリア議会解散の後に設立された自治シベリア臨時政府は、形式的な正統性こそ備えていたが、実質的な権力を持っていなかった。政治舞台で主たるプレーヤーとなったのはその他の諸勢力であった。トムスクにおいては、シベリアの独立を宣言したペトロフ・ヴォロゴツキーが率いる暫定シベリア政府。ウラジオストックには、同市を占領したチェコスロヴァキア軍団と地下に潜行したボリシェヴィキ。東支鉄道付属地は、ホルワートの支配下にあった。彼は、七月九日、ロシアの最高権力者であることを宣言し、臨時政府としての実務内閣を組閣した（会談では彼が話題となった）。固有のロシア領土内で、ホルワート政権を承認する者は誰もいなかった。したがって、彼は、ヴォロゴツキーに従うことを選び、極東における彼の代表となることに同意した。(29)

ペトロフは、目賀田、寺内、大島と会談をすることができた。しかし、これは、彼にいかなる具体的な成果ももたらさなかった。訪問者がさらに後藤と会うことはなかった。九月末に、内閣は総辞職し、後藤もまた外務大臣を辞し、その後再びこの職に戻ることはなかった。

■後藤の大失敗？

若干の歴史家や評論家たちは、後藤のシベリア出兵への関与が、外交官、政治家としての大きな失敗であるとみている。

実際、極東における日本の軍事干渉は、後藤が外務大臣在任中の一九一八年夏に積極的な段階に入った。彼は、シベリア出兵を支持し、しかるべき決定を行った張本人の一人である。シベリア出兵の結果は、政治的、経済的、モラル的諸側面からみて、日本にとり芳しいことではなかった。しかし、後藤のみが責められるべきなのであろうか。彼がこのことで、そもそも責められるべきなのであろうか。

後藤は、彼の前任者本野やあるいはすでに一九一七年末に具体的な干渉計画を作成した軍人のように、ロシア派兵の無条件の支持者ではなかった。多くの点で、彼こそが、一九一八年の最初の数ヵ月、首相にたいする自らの影響力を用いて政府が決定的な措置をとるのを止めさせている。後藤は、慎重な姿勢をとり続けた。日本は連合国の軍事的努力に協力的でないと、ヨーロッパ連合諸国が疑いを強めたにもかかわらず、である。

後藤は、日本のために、アメリカの同意を取りつけておくことが不可欠であると理解していた。然るべき意見の一致をみない間は、地方政権に圧力を加えるものの、軍事介入を行わずに、ロシア情勢を掌握するように要請した。そして必要な〔アメリカの〕同意が得られたときには、大陸における日本の利益保護と地位強化のために軍事干渉を速やかに断行すべし、と主張した。

このことは、後藤が外務大臣として、政治家として、最も重要な資質を有していたことの証左であった。事態が、はっきりしていないときは慎重に振舞い、いったん明らかになったときは、断固として実行する。また、全ての要因を考慮し、当面の利益のみならず世界規模で国益を理解する資質である。

もし後藤が大臣として留まっていたとしたら、その後状況がどのように推移していったか――これをいい当てることは難しい。いずれにしても、彼が、日本外交に責任を負うのは、在任中に限ったことである。将来を覗いて知ることはできないが、いま分かっていることは、彼が総じて状況に適応した行動をとったことである。一九世紀の傑出したロシア軍人かつ政治家のドミトリー・ミリューチン元帥の言葉を思い起こしてみることが有益と思われる。「歴史の具体的な瞬間においてはまったく合理的な、事態にたいする断固たる介入であっても、その結果が願望からかけ離れてしまうことがある」。

結局、シベリア出兵は、日本にとって大きな敗北として終わった。しかし、もし責任ということをいうのであれば、何よりもまず、一九一八年九月から一九二三年九月までの長きにわたって、原敬、高橋是清、加藤友三郎各内閣の外務大臣を務めた内田康哉の名を挙げるべきであろう。彼は、外務大臣として、後藤の後継者であるとともに、長い間彼の政敵でもあった。まさに、その内田は、ソ連との関係正常化への後藤の努力を妨害した。後藤はその生涯において間違いを犯し、失敗もしたが、ロシア極東における干渉は、そのうちに数えられるものではない。

第五章　日ソ友好への後藤・ヨッフェ交渉
――「極東のラッパロ」への道

■政治的休憩

寺内内閣の命運を決したのは、「米騒動」であった。一九一八年八―九月、騒動の波が全国に広がった。自然発生的に起こり、そして米価上昇で一挙に加速された騒動は、結局、軍の力で制圧された。強硬路線をとっていた政府は退陣へと追いこまれた。寺内は、政権維持に執着しなかった。重病を患っていた。翌年、死亡した。

後継者選出に特別な困難はなかった。首相には、西園寺が積極的に推し、山縣が承認した原敬が就任した。内田康哉が外務大臣、田中義一が陸軍大臣となった。前閣僚のうち留任したのは、ロシアへの干渉にかんしても「穏健な」見解を原首相と共有していた海軍大臣加藤友三郎であった。地方の、ときには束の間の政権を支持して、ボリシェヴィキとの闘いに期待をかけた田中の指揮下で、ロシアへの干渉は急速に進展していた。

首相として原は、多くの内治外交政策問題にかんして、官僚ではなく、議会政党のリーダーとして、より一層厳しい政治姿勢を取らざるを得なかった。首相就任の夢を捨てきれない加藤高明を総裁とする憲政会は、内閣のほとんどすべてのやり方を鋭く批判した。内閣の政策はもはやリベラルであるとか、進歩的であるとかといった段階を通り越したものとなっていた。

新体制の発足に当たって、後藤はどんなポストも占めなかった。ただ、原の要請で、外交調査会のメンバーとして残り、定期的に首相と会って意見交換をすることとなった。彼には無為に、黙座して過ごすことはできなかった。一九一九年、長期の外国旅行に出発した。彼は、アメリカでは、リンカーンとセオドア・ルーズベルトの墓参をし、エジソンやヘンリー・フォードに会った。イギリスでは、外務大臣ジョージ・カーゾンと彼の前任者エドワード・グレー卿の応接を受けた。後藤は、外相に向い、日本との同盟維持の不可欠性を説いた。パリでは、折りしも諸平和会議が開催されていた。後藤は、そこで中国の代表者たちと会い、中国におけるかつてのドイツの所有権や租権を日本に委譲する契約調印の必要性を説いた。しかし、中国人を説得することはできなかった。

後藤は、多くの新しいことを目にして、認識を新たにした。しかし、旅は政治的な意義をもつものではなかった。この旅は、後藤にとっての休暇であった。帰国するや、政治の大舞台への復活を夢見て、社会的活動に専念していた。一九一九年、後藤は東洋協会の会頭となり、その高等学校(現在の拓殖大学）の校長となった。そして、彼は後のソ連のゴスプランと比較できる計画統制機能をもつ新政府機関の創設を提案した。原内閣は、彼の計画を検討した。しかし結局、承認しなかった。どうしようもない無為、より正確にいえば、能力と野心にふさわしい仕事の欠如が、後藤を苦しめた。政治の晴れ舞台に戻ったのは、ようやく一九二〇年一二月のことであった。「疑獄との闘い」というスローガンのもと、後藤は東京市長に選出された。しかし、引き続き首相就任を夢見続けた。「財政の天才」高橋是清は、首相や政友会のトップとして、一九二一年一一月に暗殺された原の代わりとしては実力不足であると自らを卑下した。後藤は、一九二一年四―五月、それに続く一年後、原の後継者の一人として取沙汰されたこともあった。しかし、一九二二年初めに山縣が死んで、老齢の松方も政治から遠ざかり、唯一活躍している元老は西園寺だけとなり、彼は後藤候補を断固として忌避した。(1) 新しい非政党内閣を率いることになったのは海軍大将加藤友三郎であった。内田が、外務大臣として留任した。

このころまでに、シベリア出兵は失敗だったことが明らかとなった。他の同盟国は、すでに一九二〇年、沿海地方から軍隊を引きあげていた。しかし、日本軍は、そこに一九二二年末まで、北サハリンには一九二五年まで駐留し続けた。東京は、公式には「赤色政権」を認めることを拒否していたが、ボリシェヴィキと交渉し、和解する必要に迫られていることは明らかであった。一九二〇年夏以降、モスクワとの折衝は「緩衝国」である極東共和国を通じておこなわれた。極東共和国の独立性は形式的で、信用に足るものではなかった。ソヴィエト・ロシアは大連会議（一九二一年八月二六日から一九二二年四月一六日の開催）の正式参加国とならなかった。ソヴィエト・ロシアの代表者はその場にいて、極東共和国の代表団の全行動をコントロールしていた。長春会議（一九二二年九月四―二五日の開催）で、ロシア共和国と極東共和国の統一代表団が組織され、日本と交渉した。その代表がアドルフ・ヨッフェであった。彼は、古参ボリシェヴィキで、当時絶大な権力を誇っていたトロツキーの盟友で、最高の実力を持つソヴィエト外交官のひとりであった。政治局は、彼を現地における全権代表であると認めた。したがって、極東共和国の「外交官たち」にとって、彼の一言一句はまったくのところ法律そのものといってよかった。

両会議の交渉からは、何の成果も得られなかった。どちらも譲歩しなかったからである。どんな代価を払っても、自己の主張を実現することに慣れ、ソヴィエトの隣国である多数の西側諸国と交渉をおこない、平和条約を締結したヨッフェは、厳格で譲歩することのない交渉相手としてつとに名が知られていた。自国の番となって、日本外務省は、ボリシェヴィキが、ツァーリと臨時政府時代の借財、「尼港事件」（ヤー・トリャピツィンに率いられた無政府主義者集団「ニコラエフスク〔パルチザン〕部隊」が、一九二〇年三月一一日夜から一二日にかけ、ニコラエフスク・ナ・アムーレで日本人を大量虐殺した事件）への賠償金を支払う問題にかんし、彼らの「分別がつき」、彼らに提示した諸条件を呑むまでの間、待機することに決めた。

モスクワは、自分のほうからは動こうとはしなかった。モスクワに有利な風が吹きはじめていたからである。一九二二年末、緩衝国極東共和国の役割が終了し、一一月一九日、正式にロシア共和国へと編入された。いまやモスクワがかつてのロシア帝国時代のすべての領土——極東を含めて——を支配することになった。東京から報告された事件を注意深く読んで、ラース・ビハーリー・ボースは次のように記した。「いまや、日本は完全に〔自国の軍隊の〕撤退を完了した。チタ政府は存在理由を失い、それを受けて、人民会議はソヴィエトの統合を早めた。シベリア住民は、『祖国の懐に戻ることこそが、経済状況を改善し、外国列強との関係改善で外交的および軍事的地位を強化できる』と信じるようになっていた(2)」。

元老の山縣は、死ぬ直前まで、シベリア出兵からの撤退は少しでも早い方がよい、と主張し続けた。一九二二年六月四日、加藤内閣は、同年一一月一日までに沿海地方から軍隊を撤退させることを決定した。実業界や国会議員の一部は、何よりもまず、通商と漁業を優先して「赤色ロシア」との関係の迅速かつ完全な正常化を唱えはじめた。加藤首相は動揺し、内田は撤退に反対し、政府の熱意はみられなかった。後藤は、この役目に当たることを申しでた。後藤は、加藤とは悪くない関係にあったが、内田とは犬猿の仲（互いに憎悪の関係）であった。

後藤は、モスクワと半公式の交渉をするうえではうってつけの人間であった。一九二〇年二月から彼は日露協会の会頭であった。後藤はどちらかというと、ハルビンにロシア語学校（後にハルビン学院として有名になる）を設立するといったぐあいに、中立色の強い活動を好み、「白衛派」を支援すると公式に発言したことは一度もなかった。「白衛派」の敗北の認識が彼をして「共産派」の味方にするものでもなかった。日露戦争後と同様に、彼は、隣国とは敵対するより協力しあう方がよいと考えていた。最終的に、これが本当の「大政策」であり、その「大政策」を彼は懐かしんだ。後藤のイニシアティブは、政府にとっても利があることであった。政府は、成功の暁には関係の正常化を自己の手柄にできるし、失敗したら個人または東京市長の責任とみなして、政府は距離を置くことができたからである。

歴史家のエリ・エヌ・クタコフは書いている。

腕利きの、洞察力に富む政治家後藤の発言は、自己の全政治的生命をかけて、「独立心と客観性の高い人間」の名誉を擁護し、国民のなかに存在する思いを積極的に奮い立たせようとするものがあった。彼の「世論」と「自由」の擁護に向けての明快な演説は、大人気を博した。後藤は、当時、日本の演説家のなかで最も際立った存在ではなかったものの、博識で、聴衆の思うところを察し、聴衆に深い感動をあたえる資質をもっていた。日ソ関係の樹立と発展を目指す後藤の努力は、国民のなかに存在するポピュラーな考え方を、ロシア極東と東北中国における利害を有する実業界の関心を反映したものであった。(3)

■難しいはじまり

思いついたことを実行するためには、何よりもまず、公式、またはせめて半公式であろうと、ソ連全権代表との折衝が不可欠となる。しかし、そのような代表は日本にはいなかったし、いるはずもなかった。東京にはロシア通信局（ロスタ）の特派員ヴェー・ゲー・アントーノフがいるだけであった。彼は、ウラジオストックの親ボリシェヴィキの沿海地方政府の前代表であった。しかし、彼は、モスクワから何の権限もあたえられておらず、ただ「連絡」係という面で役立つだけの人間であった。

その後、この難しい事業のために、強力な情報支援が必要となった。最初の協力者として、有力紙、『東京日日新聞』の藤田勇社長が名乗りでた。一九二一年、モスクワで行われた第三回コミンテルン大会に参加し、モスクワでレーニンに出会ったことのある左翼のジャーナリスト、田口運蔵が、後藤の依頼で一九二三年一月初めにソ連外交官たちとの折衝を調整する目的で中国へ飛んだ。ロシア語を話す田口は、その後、交渉時において、秘書となって客人たちを助けた。

後藤がパートナーとして選んだのは、北京に住み、ロシア共和国の極東全権に任命されていたアドルフ・ヨッフェであった。彼は日本の外交官たちとも面識があり、彼らの要求や考え方、交渉の仕方をよく知っていた。一九二二年一二月、後藤は重病人であるヨッフェを療養のために、北サハリンの売却（当時の金額で一億円と言われた）を含む両国関係諸問題の意見交換のために、日本へと招待した。また、駐ポーランド公使であった川上俊彦がモスクワ経由で日本に帰任途中、人民委員チチェーリンに対し、同様の提案をおこなった。提案にかんし、ソ連領土の売却問題は除外されていた。一九二三年一月一八日、政治局はヨッフェの訪日を「好機」とみなすようになっていた。外務人民委員部にたいして、ヨッフェ用に「正確な指示」作りが命じられた。それは、「われわれが得ようとしている公式会談に代替するものであってはならない一方、公式会談を打診するものでなければならなかった(4)」。

後藤は、自己の計画について加藤首相の了承を得た。加藤は明言した。「ソヴィエト代表の入国に反対しない。外交手続きなしの非公式の交渉のためだけのものとする」と。そのとき、彼らは、後藤が客人にのべなければならない日本の立場の基本的な条件を整理した。外務大臣内田は、ヨッフェを無視する道を選んだ。というのは、基本的に「革命派」と交渉することに、彼は反対だったからである。

一九二三年一月九日、後藤はヨッフェの入国ビザ発給を要請するために外務省欧米局長松平恒雄に連絡をとった(彼は以前ウラジオストック派遣軍付政務部長で、長春会議の日本代表団の団長を務めた)。翌日、内田は、中国駐在公使小幡酉吉に、観光ビザでのヨッフェ受け入れ方を指示した。ただし入国に当たっては、共産主義の宣伝や政治上の演説をおこなわないことが、条件とされた。ヨッフェは、全権をもって交渉をおこなうために必要不可欠な要求として、書面での暗号電報の使用と外交クーリエ許可の保障を主張したが、内田はこれを拒絶した。しかしヨッフェの命と財産は保証する、と付言した。

日本政府の非友好的な態度への不満を訴えた三月七日付の後藤宛ての冗長な手紙のなかで、ヨッフェは次のことに念を押していた。

東京での治療をおこなうために、貴下のご親切なご招待を受けました。その時、貴下が派遣された藤田氏との事前交渉で、私の条件はすべて日本政府によって受け入れられる、すなわち、私と私の仲間は、外交官特権、日本における行動の自由、信書の不可侵、暗号とクーリエ使用権といったことがすべて許される、との説明を受けておりました。私の職員たちからも、…田口氏と藤田氏にたいし、じっさい、日本政府がそうしたことを保証するかどうかを確認して欲しいと要請もしました。貴下派遣の両人は公館〔大使館よりその地位は低い〕より肯定的回答を得て、それを持参して中国の南方に向けて出発しようとしていた上海の私を訪ねてきました。上海の総領事代理が、当該両人の立会いのもと、私の秘書に、上述の保証が全て日本政府によって受け入れられたことを公式に説明し、加えて保証事項をひとつひとつ読み上げ、確認したのです。そうした経緯もあり、私は、貴下のご好意に甘え、日本を訪れることを決心しました。その翌日となって、総領事代理が電話で、日本政府として上記の保証をあたえることはできないと、私の秘書に伝えてきたのです。私は、貴下が派遣された両人にたいして、そういう条件であれば私は日本には行かないと伝えたのですが、釈明は次のようなものでした。「誤解しないでください。総領事代理は、文書の形で保証をあたえられないと言ったに過ぎないのです。いまだに、それらは有効です。その証拠に、政府意向にいかなる変化もないではありませんか。政府が一度言明した以上、それは有効なのです」。加えて、そうしたことを確認する総領事代理の手紙も到着しました。私は、答えました。「これまで、政府の公式代表の文書による保証を要求した覚えはありません。私は他の政府と自分の関係において、それら代表者たちの口頭の約束は文書に等しいものと考えることに慣れています。しかし、より確かなものにするために、日本政府の代表者による約束を文書形式で出してくれるように貴下の派遣者たちに頼んだのです(5)」。

その後、内田は上海領事経由でヨッフェに手渡すための電文を送信した。そのなかで、「ある種の分子」がヨッフェの日本訪問に対し不満をもっていること、「事態の紛糾」が多分に懸念されることについて、このソヴィエト外交官に警告した。内務省もまた同様に、ニコラエフスクの犠牲者の親族たちがボリシェヴィキの使者に報復を企てる準備をしているという情報を受けたかのごとく通報した。ヨッフェは、これら警告を無視し、日本へと旅立った。

一月二九日、妻のマリア・ミハイロヴナ、幼い息子と二人の秘書、イリア・レーヴィンとセルゲイ・シヴァルサロン（著名な象徴詩人ヴャチスラフ・イワノフの継子）を帯同し、ヨッフェは、長崎に入港した。一月三一日には横浜港に到着し、市内見物をしている間に、最初の事件が起こった。「最初の約束違反事件が起こりました。誰の立ち会いもないなかで、私のトランクが自在鍵で開けられ、私信までも検閲されたのです」。後藤の説明、この事件に対する調査の約束があって実現した二月一日の東京のホテル「築地精養軒」における第一回目の個人的面談を思いおこしながら、ヨッフェは、三月七日、後藤に宛てて記している。

この出来事は、じっさい、偶然におきたのだと思います。その顛末について調査をするとの約束でありましたので、私は、すぐに出国するようなことはせずに、日本に残ることを決めたのです。しかし、その後も、政府は、暗号使用の保証を履行することもせず、外交クーリエに対する取扱いを三度も変更したのです。貴下に対する尊敬のゆえに、私は暗号問題で譲歩することを決めていたのですが、外交クーリエ問題ではどうしても譲歩することはできません。言葉を換えますと、日本政府は、約束された自由の代わりに、あたかも私をスパイで囲む牢獄的な禁錮状態に置いているのです。私の全ての信書は明らかに検閲されており、検閲の開封の明らかな証拠を残し四―五日遅れて、私のところに届けられております。

最初の一ヵ月、ヨッフェは休養することにして、東京からそう遠くない有名な温泉保養地の熱海で療養に努めた。病状はかなり悪化しており、ほとんど一日中ベッドで過ごさねばならなかった。ヨッフェは無聊を余儀なくされた。この無為が、肉体的苦しみと公的な人間でありながら曖昧な地位にいたことと相まって、彼の病的な神経に否定的に作用した。後藤は、ヨッフェのために、可能なかぎりその不便と不快さから救いたいと最大限の努力をおこなった。しかし、ヨッフェは遭遇している不快や不満を冗長に訴え続けた。

東京市長でかつ日本の著名な高官であられる貴下や日本政府の予めの約束を得て、私が訪日して一ヵ月になりますが、この世のどんな国においても、私が日本で受けたような不快さを経験することはありませんでした。わが政権の六年の間、公式、非公式を問わず、わが国を法的にもまた事実としても認める国々、事実としてのみ認める国々、まったく認めないといった様々な国々を訪ね、様々な政府と交渉しなければなりませんでした。まさに戦争状態にある国の全権代表と交渉しなければならないこともありました。しかしそのどんなときでも、どんな場所でも、日本政府の私にたいするほど非友好的で、敵意に満ちたこのような粗野な仕打ちに遭遇することはありませんでした。その一方で、日本のほとんどすべての社会層のきわめて友好的な関係を背景に、ほとんど毎日、深い同情や激励を口頭や文書で受けとっています。まさに日本政府の行為は、ほんの一面的な意義しかもっていないと思うのです。

じっさい、「赤のロシア」から派遣された使者に対する日本の世論の歓迎振りは、期待以上のものであった。「後藤、マスコミ、国民の歓迎振りは、期待以上。何千という群集の出迎え。ロシア問題は、明らかに日本世論の関心の的となっていた」。二月七日、このようにモスクワに向けて打電された。そのすぐ下に二行ほど、当局の彼に対する態度を「まったく容認しがたい」とする上記事情を付記していたのである。(6)

ロシアとの関係正常化のなかに直接的な経済的利益を期待する者は、実業界の代表者たちばかりではなかった。かぎられた数の者たちとはいえ、幸福な可能性を信じる左翼の人々がボリシェヴィキ革命の著名な活動家たちと個人的に交際することを望んで、ヨッフェを歓迎した。この点についても、触れておかなければならない。「赤のロシア」から送られてきたヨッフェを、玄洋社や黒龍会の右翼急進主義者たちが歓迎した。その指導者は内田良平で、常に、ロシアにたいして、ひとかたならない関心を寄せていた。一九二二年一一月二五日、彼の個人的な代理人駒井喜次郎が、北京郊外でヨッフェと会った。彼は、新交渉と関係正常化の成功ために両国が行動する必要があると、一日中（一二時間にもわたって！）しゃべり続けた。ヨッフェは、内密であるがと断って訪問者に告げた。「モスクワは早期の正式国交回復を願い、日本との条約締結に関心をもっている」と。その背景には、東京の支援や指揮で組織化された満州や中国の「白衛派」の新たな攻勢が懸念される事態が生じていたからである。(7) ヨッフェは客人からもちだされた北サハリン売却の話については、断固として拒絶した。後刻、モスクワへの報告の中で、駒井について、「まったく支離滅裂で、適当な表現で言い表せない人物」として、また結社としては「影響力小」との格付けをしていた。

日本の右翼は、伝統的にロシアの帝国主義を恐れていた。いまやそれに加えて、共産主義宣伝の恐怖が上乗せされた。日本国内におけるモスクワの宣伝活動について、内田は第一に、宣伝を禁止する、すなわち他国からの国政への干渉を拒絶することが関係の正常化の絶対的条件であると考えた。第二に、自国民の考えやモラルの質の高さからみて、この「舶来の異教」が純然たる日本人を魅惑できるはずがないとも信じていた。内田個人は、ヨッフェと接触しなかった。しかし、彼の取り巻きが、ヨッフェと知りあいになり逐一報告した。(8) ソ連との関係の正常化について、中野正剛も発言した。彼はまだ若かったが、すでに急進政治家として著名な議員であり、影響力の大きい国粋主義者三宅雪嶺の娘婿でもあった。五月二日、三宅雪嶺は、ヨッフェ訪日を記念して歓迎の宴を張った。ソヴィエトの客人は、病気のため出席できなかった。しかし、とくにこの事実を電信で外務人民委員部向けに報らせて、三宅を日本の反動グループの重鎮として、コンスタンチン・ポベドノスツェフと比肩する人物として描いた。(9)

後藤はこの折衝に直接関与しなかったが、慎重に彼らの動きを見守っていた。彼の女婿で伝記作者の鶴見祐輔は、その著作のなかでこの点を的確に表現している。「彼の右手は極右に属する愛国者たちを抱擁し、左手は極左に属する社会主義者たちを抱擁する」と。彼は、このとき、ビスマルクとラッセルの秘密交渉を思い出していた。(10) ビスマルクとの比較は、当時の日本においては好ましい評価であった。一九一三年、弔辞のなかで、後藤はビスマルクと故桂太郎を比較した。後藤は、一九一九年刊行の三巻から成るビスマルク演説集『鉄血宰相』の編集者兼パトロンであった。

当時、右翼の人々のなかには、ヨッフェの訪日やモスクワとの関係正常化に反対の者がいた。彼らは、仰々しい宣伝文句をつくって、ソ連の客人と会ったり彼を歓迎する人たちを、威嚇しようとする文書の配布をおこなった。国家社会主義理論家の北一輝は「ヨッフェ君に訓《あた》ふる公開状」と題する侮辱的なパンフレット三万枚も作成した。「足元の明るいうちに」帰国するよう警告し、ソヴィエトと共産主義の悪口も書きたてた（彼は、ボリシェヴィキを暴力団と同列において、ツァーリ政府に比べ、より悪辣な者とみなした）ばかりでなく、彼らに親愛の情をしめす日本人、とくにその筆頭の後藤をあしざまに非難した。[11] 四月五日と二八日、急進右翼で半ば、暴力団的な反ボリシェヴィキ連盟（赤化防止団）のメンバーたちは、男爵の家を訪れ二回にわたって暴力沙汰を惹き起こした。その二回目のとき、後藤の長男は傷を負った。ヨッフェの日本人秘書、田口も攻撃された。しかし、これは例外的な行為だった。明らかに一般民衆の完全に善良な動きとは、対照的な行動であった。

■日露の「パワー・ゲーム」

日本の政治エリートとしての省庁グループのヨッフェにたいする対応は、多種多様であった。最も保守主義色の強い内務省官僚たちは、ヨッフェを外国列強の全権代表者ではなく危険な共産主義思想の扇動者とみて、彼の来日を阻止しようとした。来日後は、「保護」を名目として、警察の完全な包囲下のもとで彼を監視した。外務大臣内田の対応は、ヨッフェによれば、「基本的な敵視」のそれであった。外務省はヨッフェと何の関係ももたないとの発表をおこない、ボリシェヴィキの「密使」からこれみよがしの距離を保った。後藤の対応については、彼の身近な取り巻きたちからも、否定的な反応がみられた。たとえば東京都の筆頭助役の永田秀次郎（その後の東京市長、拓殖大学学長）は、そのひとりだった。彼は、後藤にたいして、「東京市長が市政に関係のない露国との外交を計画することはよろしくない。それゆえ、市長をやめるか、ヨッフェとの交渉をやめるか、まずこのことを決めてもらいたい」とのべた。永田の記憶によれば、後藤は毅然として答えた。「東京市長は誰にでもできる仕事だ。露国とのことは自分でなくてはできないのだ」[12]。

交渉は、非公式的性格のものである。しかも会合の偶発性や外務省の冷淡さにもかかわらず、後藤は常に進行状況を外務省に報らせ、首相にたいしても会談のメモ、ソヴィエトの提案、自分の考えなどを送り続けた。それらの間の「連絡役」となったのは、外交官の東郷茂徳であった。彼の回想録は、私たちの興味をそそる内容となっている。

　首相は「外務省においても後藤とヨッフェの会談を成功に導くよう措置すべく、右の趣旨を内田外相および松平局長にもとくと伝うべし」とのことであった。加藤首相および後藤氏いずれも共産主義の動向に重きをおくことなく、主として極東における利害の調整を考慮せるものであった。この点は外務省の思想的方面をも包括せるロシア全体を対象としての政策といくぶん齟齬するものがあって意見の合致を欠くものがあり、またヨッフェの待遇方法等についても感情上の行違いがあり、自分は両者の間を調停するため、しばしば往復することになった[13]。

内田―松平の大西洋派は、影響力の大きい外交官の小幡中国駐在公使や、石井フランス駐在大使（前外務大臣）と強い絆で結ばれていたが、当時、関係が悪化しつつあったアメリカやイギリスからの否定的な反応を恐れていた。『ドイチェ・アルゲマイネ・ツァイトゥング』紙の東京特派員は、一九二三年二月一六日付の記事で、事件の地政学的側面について、次のとおり記している。

全アジアでイギリスとロシアの競争は、激烈である。したがって、日本とロシアとの協定締結は、日本とイギリスを敵対させることになる。まさにこのことにより、ワシントンで英米ブロックが創設されたのである。日本は、おのれの現在の政治情勢ゆえに、そのようなことは敢行することができないのである。(14)

外交官グループは、別のポジションに執着していた。その理論的権威者は、川上俊彦であった。彼が代表を務めるワルシャワの日本公使館は、数少ないソヴィエトの「窓口」であった。その窓口を通し、ソヴィエト・ロシアとの折衝がおこなわれた。そのなかに、やがて彼の後継者となる佐藤尚武がいた。ソヴィエト連邦を正式に承認して、外交、通商関係を樹立するという川上路線を支持したのは、領事の松島肇（大連や長春での会議で全権代表委員）、島田滋、次官の田中都吉（近い将来のソヴィエトへの初代大使）であった。一九二三年二月初、川上は内田に個人的な書簡を送った。そのなかで、モスクワとの交渉の復活を主張した。東京に戻って、外務省のなかに支持者を得られなかったので、同公使は上層部の政策を公に批判しはじめた。そして、ヨッフェとの個人的な会見の希望を表明した。大臣側から禁止令が即刻申し渡された。しかし、川上が持つソヴィエト外交官たちとの交渉の経験は、すぐに役立つことになった。ヨッフェとの新段階の交渉がスタートするや、日本の代表者として交渉を任されたのは、川上に他ならなかった。

海軍筋は「赤の国」との関係正常化を支持し、賛意を表明した。二月二三日、海軍次官の井出謙治が、「些細で利己的な要望を満足させることを放棄して」、「ロシアとの緊密化に踏み出し」、「ロシアに寛大さを見せる」必要性についての親書を、外務次官田中宛てに送った。理由は、明らかだった。第一に、サハリン北部の占領は一時的な現象であることを理解しつつも、アメリカとの戦争の場合、艦隊はサハリンの石油と石油基地を必要とする。第二に、海軍軍人たちは、内田の声明にもかかわらず、ソヴィエト水域における「自主出漁」の防衛にまったく配慮しようとしなかった。井出は、婉曲的に記している。「これは日露友好関係の阻害要因になりうる」と。いいかえるならば、ロシアは強力になると、日本に対しうらみをはらし、日本は石油も魚も失うリスクを負っている。加藤首相は、海軍大臣を兼任していたが、この種の意見に慎重に耳を傾けた。歴史家たちは、有力閣僚の公然たる反対や抵抗にもかかわらず、加藤が、最初から後藤を支持した主たる理由がこの点にあるとみている[15]。

ヨッフェの生活を楽にしてやろうとする後藤の努力にもかかわらず、ヨッフェは、あたかも真空の世界にいるように自分を感じていた。行動することには慣れている一方で、敵対相手の行動を洞察する必要もなくただ受動的に待つのみという生活に、彼が慣れていなかったからである。病いはヨッフェをベッドに縛りつけ、政治の中心地ではない小さな療養地に住むことを余儀なくさせた。

彼が外界と接触しようとしても、警察の「監督」がそれを困難にした。モスクワや北京と暗号電信を発受信する権利も許されなかった。入手できる情報といえば、地方の英字新聞くらいのものであった。しかし、それらの新聞は、情報が優れているわけでもなく、一度ならずヨッフェの活動を混乱させた。肉体的苦痛とあいまって、これらのことが常に彼の精神をいたぶることになった。

三月七日、ヨッフェは後藤宛ての書簡を、次のような苦情から書きはじめた。「新聞報道から判断しますと、日本にはロシアの極東政策の理解の面で大きな誤解があると思われるのです。すなわち、日本の支配層は、ロシアの対外政策全体や対日政策については種々様々な見解が存するとみていることです」。一例として、彼は、次のような川上公使の会見記事を引用した。「ロシアにおけるヨッフェの影響力と意義の大きさは目を見張るものがあるが、ロシアの政治家たちと話をすると、ヨッフェの政策は長春会議では採用されなかったようである」。

ヨッフェは「同時に」とのべて、次のように続けた。

日本の新聞のうちの一紙は、きわめて明確に、日露相互関係の問題およびいわゆる第三次「大連および長春会議後の」日露会議は人間の問題、つまり、日本政府の交渉相手次第であると報道しています。そして、多くの日本の新聞は、日本外務省の考え方として、あたかもロシアにおいて対外政策の分野でまた対日関係で、私が代表する潮流よりずっと譲歩的なクラシン氏やカラハン氏が代表する潮流が存在するかのように書いています。ある二、三の新聞を読むと、次のような推測さえ成り立つのです。すなわち、より譲歩的な潮流との間で、独占的に通商協定を結ぶことができ、そのうえ、ロシア領サハリンの日本軍占領問題には言及しないで済むというのです。いいかえるならば、たんに暇をもてあましている一部の評論家が、日本にとって成功することのない、何の利益ももたらさない交渉のパートナーとして、ヨッフェを選んだといっているのです。

「外交に携わる私どものグループ内には、いかなる意見の相違も存在しないし、存在することもあり得ない」とのヨッフェの釈明は、無視してよいだろう。じっさい、意見の相違は存在したからである。レフ・カラハンは、翌一九二四年に、北京駐在公使芳沢謙吉と交渉に当たったが、その席上で、明らかに「柔軟とはいいがたい」対応に終始した。彼は、トロツキーと親しいヨッフェがもつコネや影響力を有していなかった。ヨッフェのそのような特質は、彼から目を離すことがなかった日本外務省の記録のなかに一度ならず残されている。外国貿易人民委員レオニド・クラシンは、基本的に経済的な諸問題の担当者であって、政治的な決定権を許されていなかった。若干の外国の観察者やロシア系移民（たとえば、道標転換派理論家ニコライ・ウストリャロフ）たちは、彼を「世界革命」の狂信者に代わるボリシェヴィキ「穏健派」のリーダーとみていた(16)。

ヨッフェは、回想している。

私がロシア共和国を代表して長春で交渉したとき、私は、政府と最も緊密な関係にあり、重要問題にかんしては政府と常に連絡をとっていた。各重要問題にかんして、使節団の意見が聴取され政府全体で審議された。その際、当該管掌官庁の発言がとくに重要視された。

序でながら、ここに、ヨッフェにたいして直ちに外交クーリエと暗号使用の許可が不可欠となる、もうひとつのヒントが示されている。しかしその問題を解決することは、後藤の権能にはなかった。後藤男爵はソヴィエト政府全権代表として彼を受け入れ、彼の使命達成のために可能なかぎり助力した。他方、川上の言葉を歪めた恐れがある新聞の無責任な解説にかんしては、そのような解説にあまり多くの注意を払う必要はないようである。

もてあます時間を使って、ヨッフェはモスクワ宛ての長大な報告を書いた。その報告が完成したのは、四月初めであった。交渉ははじまったばかりだった。重要部分はタイプ打ちで、四五頁（プラス一〇頁が、中国について）だった。それ以外に、ヨッフェの蒙った災禍についての報告、彼がモスクワの同志に知らせることが不可欠であると考えた日本情勢の観察報告が含まれていた。現代の読者たちにとって、ヨッフェの観察と結論の大部分は単純すぎるように思えるかもしれない。とはいえ、彼によってあたえられた後藤の性格付けは、注目に値する。これこそが、後藤についての最初の「ポートレート」であり、ボリシェヴィキのリーダーたちと知りあいになれたポートレートだったのだから（周知の伝記的事実の叙述部分は、省略する）。

日本には、いまでも、多分に何か封建的家父長的な伝統が存在しているようだ。家族の構成員は、ほとんど盲目的に家の年長者の指示や命令に従う。…たとえば、後藤の場合、まず、第一に、自分の家庭内においてばかりか、彼が代表をつとめてはいない政治集団においてさえも、彼は「ツァーリ」であり「神様」である。現在、後藤男爵はすでに高齢者だが、現天皇の亡くなられた父君である明治天皇にたいする献身的な側近の一人である。…日本における明治天皇の時代は、「明治時代」または「明治期」と呼ばれる。天皇は、ロシアにおけるピョートル大帝と同じように崇められている。じっさい、それ以上かもしれない。ともあれ、明治に発したことは全てよいことだと考えられている。

明治天皇のもっとも主たる献身的な側近だったのは、最初は侯爵、その後公爵となった伊藤博文である。彼は、大陸への旅の途中で朝鮮人によって暗殺された。彼の身近にいた後藤は、伊藤の政策の後継者であることを自認し、その努力をおこなった。私は、彼の計画と彼の政策が故明治天皇の計画であり政策であったことを、明らかにしてみたい。そうすれば、明治天皇の右腕であった（そしてやはり大変人気のあった）伊藤公の計画であり政策であったことが証明され、彼の計画を広く遂行することの意味が理解できるだろう。これらは功名心にもとづく夢であることは疑問の余地がない。もっとも、後藤は――故伊藤公や明治天皇ご自身同様――ロシアとの緊密化の大いなる支持者、露・独・日同盟創設の大いなる支持者であった。このことも、同じくらい疑問の余地がないことだ。

後藤は、おのれにとっての二人のパトロン（天皇と公爵）の死後においても、ロシアとの関係緊密化という自分の目的を捨てることはなかった。自分のポストのうちのひとつ（満鉄総裁）を通して、彼はロシア人と親しく知りあいになった。日本に露日協会を創設した。これが、緊密化のさらなる目的に奉仕するはずであった。じっさい、運命の綾とはいえ、この露日協会が「白衛派ロシア」日本協会となったときに、ある種の役割を担った。若干の白系ロシア人たちとではなく、多くのロシア人たちとの緊密化を願う後藤にとって、同協会はむしろ有害となった。後藤は、日露両国の国民と政府の相互緊密化のためには、何か人間的な事柄にもとづく、個々の高官たちの間における前もっての接触が不可欠である。このような考え方の持ち主であった。…そして、ウィッテに代えて、私を選んだのである。

後藤はじっさい、「旧親独派」の理想主義者であり、彼と私の個人的な友好関係が所謂日露問題の解決に資すると心から信じていた。…

私の見方では、日本の特質は、何よりもまず、文字通りのヨーロッパ式の政党というものがここには存在しない。ある場合においては、国家や政治の世界を公式上は傍観している個々の尊敬すべき人々が、議会や政府を合わせたものよりも、より大きなことを成し遂げることができる点にある。…いってみれば、エネルギーに満ち溢れ、きわめて大きな影響力をもち、大衆を惹きつける後藤新平のような人間は、日本の貴族でも議員でもない。たんなる後藤個人でありながら、しかもそれでいてきわめて大きなことをなしとげるのだ(17)。

■実務的交渉の困難

最初の躓きの石となった問題は、日本のソヴィエト連邦に対する法律上の承認問題である。ソ連邦の誕生は、交渉開始間近の一九二二年一二月三〇日に宣言された。日本の新聞は、「労農ロシア」との表現を用い続けた。ヨッフェは、この点について、すでに後藤宛ての第一回目の長文の手紙のなかで交渉の継続の必要性を主張して、毅然としてモスクワの公式なポジションについてのべていた。

(一)交渉の過程つまり相手にたいする要求の提出においても、協約条項の処理決定においても、ロシアと日本が同等の権利をもつことを認めること。
(二)たんに通商条約にかぎらず、通常の外交関係を含む一般条約の締結についても、話し合う用意があること。しかし後者において、ロシア共和国最高機関の特別決議があるべきこと。
(三)北サハリンからの日本軍の撤退時期を確定すること。その時期の確定問題が決着しなかったために長春会議は決裂した。この条件を明確に規定しておくことが、不可欠であること。

ヨッフェは、すでにモスクワが、「日本の経済的関心事に応えながらも、日本から強要されることなくサハリン関係でも交渉する準備ができている」うえに、いやいやながらとはいえ「ニコラエフスク事件」を議論するスタンスであることにも注意をうながしていた。

具体的な諸問題についての交渉は、三月二九―三〇日にはじまった。後藤が熱海を訪ね、ヨッフェに向い、東郷経由で松平から受け取った政府の回答を伝えた。日本政府は、法律上（de jure）そして事実上（de facto）、ソ連を承認することに同意した。その条件として、「ニコラエフスク事件」にたいする賠償、ツァーリ政府および臨時政府の対外債務の返済を意味する「国際義務の履行」、さらにサハリンにおける日本の「特殊権益」を事前に決めておくこと(18)。

ヨッフェは、債務問題にかんする厳しい立場について、すでに三月七日付の書簡のなかでゼノア会議の先例を引いて理由説明をおこなっていた。「ゼノアでわれわれの敵対者たちが損害の賠償を要求したとき、われわれは原則としてわれわれの反対要求を受入れることを条件として、彼らの要求を原則的に受け入れた」。そして、袋小路におちいらないように妥協的な提案をしめした。これが、ロシア・ソヴィエト連邦社会主義共和国とドイツとの間で、一九二二年四月一六日に調印された「ラッパロ型の条約」であった。

個人的には、ラッパロ方式の解決が外交的にみて最も分別があると思われるのです。国民の間の相互関係は、協定の締結で終わるのではなく、それによってはじまるからです。もし両当事者が少しばかりのそろばんづくの利害を理由にして、過去の惨禍や忘れ去られた戦争部分を蒸し返そうとするばあい、それは、しかるべき国家間の友好関係の樹立を望んでいないと考えられます。

ソ連邦との関係正常化は、もちろん、日本にとって有利だった。とはいえ、ワイマール・ドイツにとってほどではなかった。したがって、「ラッパロ」の議論は東京にとりあまり説得的ではなかった。加藤内閣は、従来同様、急がなかった。先方から何かの動きがおこなわれたあとにはじめて動くことにした。そのような動きをおこないうるのは、病人のヨッフェではなく、地方の行政機関であった。まず、日本の漁業および貿易業者にたいして、ビザなしにはソ連領土への入国が禁止された。その後、駐ウラジオストック領事の渡辺理恵が警告を受けた。もし、三ヵ月のうちにソ連の正式認可を受けられないのであれば、退去命令を受ける、と。政府が、国として認めていない国から正式認可を受けることはむずかしかった。

そこで、日本は領事にかんしては、暗号使用と外交クーリエを含む同様の権利と義務を持つ貿易事務官でもって代用することを提案した。「貿易事務官は、滞在国において、全ての直接的、間接的な政治プロパガンダを慎まなければならない」とする内容の四月二九日付外務人民委員部の対日案が発表された。この規則を犯した場合には、協定国のいずれの国も、他国にたいし彼らの召喚を要求する権利を有する。いずれの政府も、貿易事務官として好ましくない人物の入国を拒否する権利を有する。[19] 外務人民委員部は、ヨッフェが暗号使用権を得て問題の審議に参画できるようになる、と連絡した。問題の早期解決を図ろうとして、在ウラジオストック領事館の暗号使用の権利が剥奪された。領事は抗議したが、あっさり無視された。

四月一〇日、後藤は、三つの具体的問題点を指摘したメモを首相に提出した。

(一) 非公式の交渉を続行するのは、適切か。

(二) ソ連の立場を完全に知るためにも、暗号使用の許可をヨッフェにあたえるべきではないか(ヨッフェはモスクワから、秘密情報を得ることができないとのことだ)。

(三) ヨッフェが、北京でなく、モスクワに帰任するように努めるべきではないか。

日本の外交史料館のなかに、これら諸問題に対する回答の原案が保管されている。

第一に、一―二回予備の意見交換をおこない、その後ヨッフェを帰任させる。

第二に、公式交渉は、日本ではなく、北京、ウラジオストック、あるいはその他の場所でおこなう(世論の影響を免れるためと思われる――親ソヴィエト、反ソヴィエトのそれであろうと)。

第三、暗号使用を許可しない。例外は、個々の重要な場合に限られる。たとえば、北部サハリンの価格にかんするモスクワからの助言を求めなければならないといったときである。[20]

四月二〇日、内閣は、最終的にヨッフェに暗号使用を許可した。彼は、即刻、モスクワと直接、北京の全権代表部を経由して協議に着手した。日本側は、発信暗号電報をすべてコピーした。それらは、史料館に保管されている。しかし、結局のところ解読できず、その内容はたんに数字の羅列となった。

四月二四日、後藤とヨッフェとの間で定期会談が開かれた。従来の最終的要求と双方の交渉継続希望の確認が両者によってなされた他は、何も新しいことはなかった。しかし後藤は、ヨッフェとの会談を徹底的にやりぬくことを心に決めていた。明確な立場でないとしても、相互間に理解と対話の場が存在することが肝要なのだ。翌日、彼は東京市長の職を辞し、これからは日露交渉に専念するとの意図を公表した。交渉は非公式、だが彼が政府を代表する。すなわち、政府の委任はあるものの、ステータスは曖昧のままで交渉が継続されることになった[21]。

五月六日の新たな会談では、これまでの継続問題すべてに焦点が当てられた。一方では損害補償要求、他方ではゼノア会議におけるラッパロ条約の援用といったように。ヨッフェは、交渉継続以前の条件を繰り返した。暗号使用が可能となったので、ソヴィエト政府は公式交渉をはじめる用意があった。同政府は公式会議においても予備会議においても「ニコラエフスク事件」および「サハリン問題」を公式に検討するための全権をヨッフェに付与すると伝えてきた。

「ニコラエフスク事件」にかんしては、ヨッフェは「相殺」の原則を提案した。両国が遺憾の意を表明し、公的な損害や賠償も相互に相殺し合う。サハリン問題にかんしては、最初に、そしてのちに五月一〇日付の後藤宛ての書簡のなかでも、サハリンの売却の可能性が言及された。金額は「極めて高額」とされた。具体的には現金で一〇億金ルーブルであった。当時の一金ルーブルの為替相場は約一円に等しかった（二円＝一ドル）。これは、後藤と川上が当初提案した金額の一〇倍に相当する額であった。

ロシアにとって、サハリンは経済的および軍事的にも重要である。日本がどのような領土要求をしようとも、それは根拠を欠く。そのことについて綿密に根拠づけをおこなったうえで、ヨッフェは次のような結論を述べた。「サハリンを売却しなければならないといういかなる正当な理由もない以上、売却金額で正当化されるほかない」。もしも売り渡す金額が折り合わなければ、売却相手を日本人だけに限定する必要もない。サハリン島の開拓の権利を、露日合弁会社にあたえるということもありうる。(22)

ソヴィエト時代の歴史資料を見るかぎり、北サハリンの売却提案に言及した文書はもちろんのこと、巧妙な戦術的駆引きに言及したものさえ発見できない。売却案は、おそらくヨッフェ自身が思いついた発想でなかったのだろう。五月三日、政治局は、「サハリン島の売却に向けての交渉を、これからも継続することには反対しないことを決めた。その代わり、一〇億ルーブルという金額を最低価格として念頭におくように指示した」（強調点筆者）。五月一〇日付の書簡を記すときまでに、ヨッフェはすでにこのような指令を受けとっていた。

しかし、サハリンの売却はモスクワの最終目標ではなかった。「交渉継続に反対を唱えることなく」、政治局は、当日、「サハリン島の経済的および戦略的価値の確定のため」の委員会を創設した。チチェーリン議長、財務人民委員のグリゴリー・ソコリニコフ、ゴスプラン議長のグレプ・クルジャノフスキー、労農監察人民委員のヴァレリアン・クイブイシェフが参加した[23]。同委員会は、日本にサハリン島を売却しないことが妥当という結論に達した。(一〇億ルーブルでも売却しないことが明らかとなった)。しかし、長期にわたり石油、石炭、森林の利権を日本に供与することは政治関係の正常化次第である、との結論に達した。

サハリンが売却されるかもしれないという情報は、外部へと漏れはじめた。ボリシェヴィキは、体制を承認してもらうためにロシア領土を売ろうとしていると、白系移民たちは騒ぎ立てた。「もし共産主義政府が、おのれの政権保持のために大きな犠牲を払ったり、これからも払うつもりなのであれば、サハリン北部を売ることとすらも厭わないだろう。しかし提示した金額で日本が買う場合の話だ」。ジャーナリストのアナトリー・グートマンは、ソ日関係正常化の正式な交渉がはじまっていた一九二四年に、北京で断言した。「サハリンの話は、ソヴィエト政府が極東にめぐらした奸計、すなわち、『いかさまカルタ』であった」。ヨッフェは、チチェーリンから次の指示を受けていた。「黄色人種にサハリンをあたえよ。もし彼らがわれわれを承認するのであれば」。もちろん、サハリンを直接日本に売却することは共産主義者たちにとっても不都合なことであった。あまりにも乱暴なことだった。モスクワは、「売却に代わる通常の利権」を前面に押し出して交渉することを決めていた[24]。

グートマンの見方が正しくなかったことは、最近公刊された文書から明らかである。彼は、亡命者の多数と同じく、ボリシェヴィキ体制は脆弱で、クレムリンは国際的承認によってのみ地位を改善可能で、それを非常に急いでいる、と考えた。ところが、実際のところは、一九二三年となると「白軍」も最終的に壊滅し、すべての外国軍は撤退、ソ連邦が創設、体制は強化され、自国の力を確信することが可能となった。もしモスクワがいかなる代価を支払っても日本の承認を得たかったのなら、たとえば大連会議でなくても、長春会議でそれを獲得していたに違いない。ヨッフェの一〇億金ルーブルの提案(これは、彼の個人的な考えであった。政府はさらに高額を要求することができる)は、たんなる譲歩ではなかった。むしろ、逆だった。一方から見て、政府は「善意」、「応じる用意がある」ことを、さらに「具体的」、「実際的」であることを態度でみせたにすぎなかった。他方、日本が拒否すれば、誰が正常化を妨げているかがはっきりする。おそらくこのような読みだったのだろう。

ここで売却したと仮定してみよう。さて、どうなるか。ヨッフェの掛け値は、ボリシェヴィキが値下げする用意があったという確たる資料がない以上、日本にとっては力が及ばぬ負担として重くのしかかったことであろう。いくつかの事実を列挙してみよう。一九一九年当時の日本の金準備は、第一次世界大戦の経済的余禄で好況に湧いた年とはいえ、それでも二〇億円であった(戦争前は三億五千万円)。一九二〇年の日本の対外投資高は、二二億円であった。一九二六年—二七年時点でさえ、日本の対中国資本投資は、何よりもまず満鉄に向けられたものが主であったが、約四億五千万円—五億円。ヨッフェの掛け値の半分以下の金額だった。

サハリン北部の開発に向けて、日本政府が猛烈に民間投資誘致に乗り出すことを考慮しても、ソヴィエト側提示の条件下での取引は東京にとって旨味のないものであった。[25] 加えて、極めて多額の関連資金の投入もおこなわなければならなかったろう。他方、ソ連は、そもそも統治が容易でなく、といって日本からむりやりに取り上げることもできない領土をたんに放棄するだけで、巨額の現金を即座に受領できるわけだった。

「国際的義務の履行」についての要求にたいして、ヨッフェは定例の会合で次のように回答した。

「国際的義務の履行」は問題にもならない。旧条約は、まったく別の政権によって締結されたものである。また、戦争以前、ソヴィエト・ロシアと日本との（正式の宣戦布告がなかった）戦争の前に締結されたものである。したがって効力が及ばない。しかし、交渉が総じて順調に進めば、ポーツマス講和条約の規定と関連諸規定に立ち戻ることはできる。

右にのべたことは、なかんずく漁業問題に関係した。日本は、国内戦の過程で取得した権利や特権の確保を狙ったが、ポーツマス講和条約に比べて悪くないバリアント（変形）を受け入れる用意ができていた。さらに極東において、ソヴィエト政権は「自主出漁」に終止符を打つような規則を導入した。実際的にものごとを考える水産業者たちは、うまく同意をとりつける方がベターと考えるようになった。

五月二一日、漁業協定が締結された。一九二〇―一九二一年の漁区租借料未払い分として、日本側は三〇〇万円以上の支払いをおこなうこととなった（それらのうち、半分より少し多い目を即金で支払った）。漁区（五一一のうち）の二五五、また、蟹漁区（四七のうち）の一四の租借料として、一〇〇万金ルーブル強を支払った。「協定は、ソヴィエト外交の勝利であった。日本は、ソヴィエトの領海内において無制限な漁獲を続ける自国の計画を拒否される立場となった。そのことによって、ひとつの部門、ひとつの地域という限定されたものであるとはいえ、日本はソ連の主権を認めざるを得ない状況に追いこまれた[26]」。これこそが、ヨッフェの使命の唯一の具体的な成果であり、二国間関係の法的正常化への第一歩でもあった。

■疑問と期待

協定締結は、気が滅入っていた後藤を少しばかり元気づけた。そのうえ、日本の世論はソヴィエトの地位を強化した。ジャーナリストたちは、病人ヨッフェを安静にさせておかなかった。ヨッフェもまた、ペンの力を知って情報を生かそうとし、ジャーナリストたちを遠ざけようとはしなかった。友好的なデモや集会がおこなわれたが、ソヴィエトの客人は好意ある招待状を拒絶しなければならなかった。ほとんどベッドから起き上がれなかったからである。五月九日付カラハン宛ての電信で、ヨッフェは記した。「尼港事件で息子を失った日本人が集会ではソヴィエト・ロシアを承認しなければならないと演説した」[27]。

六月五日付のモスクワ宛ての長大な電報のなかで、ヨッフェは、日本の内閣が交渉を継続するか、交渉を止めるか――この決定をどうしても下せない理由を、六点列挙した。

（一）すべての機関が入念に審議し、項目別に検討する体制であること。

（二）外務省内外における個人的陰謀（第一に、後藤と内田の間の緊張関係）の存在。

（三）各閣僚の情報量や日ソ関係の諸問題の理解度に大きな差異が存在すること。

（四）常に新聞報道に曝される交渉の公開性にかんして、日本の指導者たちが不慣れであること。

（五）ソヴィエト・ロシアの法律上の承認にかんして、列強が否定的に反応する可能性が大きいこと。

（六）国会に支持されていない官僚依存の加藤政府の政治基盤が脆弱であること[28]。閣僚たちが何よりも、問題の立ち消えを望んでいるらしいこと。

加藤首相が、独創的なことを思いついた。「公式の交渉を非公式の交渉」とすること*。これまでのすべてのことを忘れればよいのだ。すなわち、交渉をおこなうのは、両国の政府の公式の全権代表ではあるが、しかしその交渉の性格は彼らにいかなる義務も負わないものとする。六月八日、後藤は、このことをヨッフェに報らせた。彼らの会話のメモから判断するかぎり、老練なソヴィエト外交官が驚愕したことが分かる。提案を拒絶することはせずに、男爵にたいして丁寧にお礼をのべた。彼の方から共通の利益のために準備し、努力することを確認した。(29)

＊ロシア語による日本文書のうちのひとつのなかで、日露会議の開催を目的とする「非公式の予備交渉」と呼ばれた。

モスクワは、加藤の提案に同意した。内田からの公式の要請状を受けたあとの六月一六日、ヨッフェを自国の代表として任命した。六月二一日、彼のパートナーとして川上俊彦が任命された。六〇〇人以上が出席した祝賀晩餐会のあとで、六月二八日、外交官たちがヨッフェの大きなホテルの部屋で仕事にとりかかった。ヨッフェは全く動くことができなかったからである。(30)

後藤の交渉への公式参加は、終わった。内田は、今後の過程を完全にコントロールすることを欲し、後藤の公式参加を許さなかった。男爵自身、政治的な駆け引きの自由を大切にしていたので、外務省のコントロール下で動くことを望まなかった。しかし、ヨッフェとの折衝は止めなかった。(31)交渉のステータスは、形式的に引き上げられた。二個人の友好的な会談といったものではなく、公式代表による意見交換の場となった。ロシアについての素晴らしい知識があるにもかかわらず、川上は後藤に比べると地位、権威ではとうてい及ばなかった。男爵との会話のなかでヨッフェは、このことを明確に、遺憾の意を込めて指摘した。「モスクワは、多分、交渉の事実上のステータス引き下げに不満であり、交渉の成功に向けた熱意が日本に欠如していると解釈するかもしれない」。

川上とヨッフェの会談は一二回にも上ったが、いかなる結果ももたらさなかった。日本側は、北サハリンを「約一億五千万円」で売却すること、そのばあい、戦時債務をゼロとし、「ニコラエフスク事件」にたいする責任を認めることを要求する一方、事件にたいする賠償を放棄することを提案した。七月一九日、モスクワから断固たる指令が届いた。意義ある正式交渉へ移行し、日本政府から最終案を受領するようにとの指示であった。七月二六日、ヨッフェは非公式交渉では見通しがつかないと言明して、議事要録を川上に送付した。五日後におこなわれた定期会議の席上で、川上は自己の所見をのべ、ソヴィエト全権と討論をはじめようとした。全権は、延々と続く不快な議論をさえぎり中断させた。

ヨッフェに代わって、中国における新しいソヴィエトの全権代表となったカラハンが、一〇月二四日、日本のジャーナリストたちに向い次のようにのべた。

七月三一日、最終の非公式予備交渉が開催された。そこで、交渉の終了を確認し、ヨッフェは、公式会議開催提案にたいする公式の日本代表団の回答を受領しようとねばったが無益であった。日本政府は、公式交渉開始に同意するのか？　川上は、自分は残念ながら回答できないので、政府に問いあわせるとのべた。八月三日、ヨッフェの七月二六日付の書簡にたいする回答という形で非公式交渉の終了を確認した。公式会議の開催提案案については沈黙をもって回避した。(32)

七月三一日、ヨッフェは後藤宛てに書いた。「いまや私は、非公式の会議はこれ以上必要でなく、もう沢山だと言いたいのです。私どもは、他のやり方で、話し合うことができるはずであります」。そして、付言した。「私は、日本の永久の友人であり続けます」[33]。そして、帰国の準備に入った。

八月一〇日、東京からヨッフェが去る日の前日、後藤は彼に書簡を送った。それは、外交辞令にとどまらない心からの尊敬と同情に満ち溢れた内容のものであった。男爵はかつて医者であったので、客人の肉体的苦痛をよく理解しており、次のように記した。「病気に苦しみながら、健康な人間でもまねのできないテンポで一日一五時間も働く。そのうえ、国内外のあらゆる誤解を払拭しながら、また、あらゆる馬鹿げた偏見と闘ってこられました」。後藤は続けた。「貴下が暗い地平線を明るくするために多くのことをなし遂げられましたことに対し、大きな尊敬の思いで一杯でありま す。…貴下が日本に滞在し、犠牲となって耐え忍ばれましたお姿はいつまでも私の記憶に残るでありましょう[34]」。

後藤は、書簡がかならずやボリシェヴィキ指導者全員によって読まれるであろうと考えた。そのために、書簡のなかでは、実行されたことについての総括がおこなわれ、将来にたいするプログラムが提示されるなど綱領的な性格が加えられた。

私は、両国の国民の間に存在する誤解を解き、全世界の人々のお互いの無理解を解消し、人間の本性に反して押しつけられた文化〔西側の唯物主義〕の強要の悪弊に終焉を告げたい。そういう思いをもって、全民族の死活的利害の一致に向けて人類共通の幸福を推進することを決心したのです。

私は、貴下の療養時に、受難の世界を治癒することについて話しあいたいものだという願いをもったのです。この点にこそ、貴下との話しあいの主目的があるのです。

貴下が私どものところにやってこられたとき、私には、二つの目標とひとつの期待がありました。まさに、次のとおりです。

一　共産主義宣伝がどんなに効果がなく、無益であるか、ロシアに知ってもらうこと。日本では、赤化恐怖症を一掃し、両国親善の基礎を築くこと。

二　両国国民の相互の健全な理解は両国国民の双方の平和の礎石である。今回の相互理解は私がいうところの健全かつ完全な理解の端緒となること。

上述の一と二は、両国民が達成すべき目標であり、達成されつつあります。三つめは私の期待であります。いまでもこの期待は期待として残り、個人であるわれわれ両人の期待でもありますが、そこにとどまらず、両国の政府が全力を尽くしてこの期待を実現しようと努めたこともあり、著しい前進をみせました。まさに、このことはわれわれにとってははなはだ幸せなことであります。そして、現在、この問題は、私的意見交換の範囲から出て、政府高官の審議へと移管されました。言うまでもないことですが、だからといって、決して私的に問題をさらに議論する可能性を排除するものではありません。貴下こそは、それを遂行し、そして、影響力の大きな人物として、また、同時に政府高官として、難しい問題を負われました。貴下の役割は、そのようにして、私の役割とは違ったものとなっています。私ども一人一人は、われわれの国の幸福のために、真の愛国者として全力を尽くしていることをお互い認めているに相違ないと深く確信します。

何をもって、交渉が終了したかという点となると、この書簡は過度に楽観的であるということもできよう。おそらく後藤自身、そのことを十分な程度に理解していたと思われる。後藤は、モスクワの隠れた交渉相手に、相互関係の前向きの発展が可能であり、それが達成できるばかりか、実際にもうはじまっていることを納得させたかったのだ。

後藤の書簡は、次のように締めくくられていた。

アジアの東方における平和は、全世界の平和の基礎であります。それに向けて、私どもは、全力を注がねばなりません。日本とロシアの国民が力をあわせて、アジアの東方の平和の礎石を置くことをせず他の道を探すなどということはあってはならないことであります。日本とロシアの間には特別な関係が存在し、かつ、その相互関係は総じて、われわれ双方の状態の自然の結果であることは全世界に知られています。われわれが親善関係構築のために何もしなければ、犯罪を犯したことになりましょう。

■東郷茂徳のコメント

東郷茂徳は、個人的には会談に参加しなかった。しかし、職務上成り行きを十分把握していて、晩年に次のように記している。

後藤・ヨッフェ会談は、双方の見解に受け入れ難いものがあり、ただちに成果をあげえなかったものの、この会談がその後の話し合いに好ましい気運を醸成し、やがて北京交渉［カラハン―芳沢交渉］の基礎をつくったので、後藤氏の功績には顕著なるものがあった。また「ロシア」と提携して対支、対米外交に備うべしという同氏の政策は、後の［フランクリン・］ルーズベルト大統領の対日、対「ソ」外交と好対照をなすものである。[35]

第六章 「赤いロシア」との協力
――コースの模索

■後藤、チチェーリン外相に問う

後藤は、ソヴィエトの指導者たちと直接接触を保ちたいと考えた。ヨッフェが東京を出発する機をとらえ、外務人民委員ゲオルギー・チチェーリンに宛てた書簡を彼に直接手渡してくれるように頼んだ。

この書簡は、後藤の政治哲学を知るうえでとくに注目に価する重要な文書の一つであると思われる。それにもかかわらず、これまでその重要さは十分に認識されてこなかった。同じく一九二三年八月一〇日付のヨッフェ宛ての書簡とは違って、後藤の伝記のなかに掲載されていない。ソ連邦外務省公刊の『外交文書集』においても、その半分しか掲載されていない。つい最近となって初めて本書の筆者の単行本『ロシアと日本――障害を越えて』(二〇〇五年、未邦訳)ならびに資料集『桂太郎、後藤新平とロシア』(二〇〇五年、邦訳藤原書店近刊)のなかで、全文が公開された。この書簡のなかには、後藤のロシア観と日露関係観を知るうえで欠かせない重要な論点が含まれている。

私が、列強自身の利益のためにも遺憾に思いますのは、世界大戦後の講和会議で諸列強が自国利益を追求しようとして、ロシアを世界の仲間はずれにし、無視する立場をとったことであります。

一方、率直に申しあげて、ロシアの他国にたいするやり方にも問題があります。ロシアは共産主義を宣伝し、世界制覇をもくろんでいると思わせる気配もあって、諸列強は恐怖のために上記のような姿勢をとらざるをえないのです。

日本においても、愛国心からロシア共産主義を恐れる人々がいます。しかし、これは自信のなさから出てくるもので、私はむしろこれらの人々に哀れみさえ感じるのです。じっさい、これらの人々は固有の歴史的伝統を忘れ、自治・自衛の問題についての発想が乏しいのです。そのうえ、ロシア革命からすでに五年たち、ロシアは実用的な共産主義を導入し、極度の困難から脱し、経済政策その他の分野で改革の実を挙げているという事実が存在します。

現在、ロシアは将来に向けてますます「均等」と「調和」の道を邁進するとみられますので、日本とロシアの民衆の誤解は徐々にとり除かれるものと考えます。したがって、両国民が共通の実益の展開を促進し、福祉増進のための手段を見出すことは疑いのないところであります。また、両国民の歴史的・地理的な関係からみても、現在の不自然で困難な関係は消えてなくなるでしょう。愛国心豊かな国民が、神の前に恥じない献身やもっとも高雅な精神で、明治天皇の一大政治計画に完全に寄与できるこの仕事に全力を傾けることができますことは、日本国民の誇りであります。

日本とロシアの関係は、ロシアと英米他諸国との関係とまったく違ったものであります。現在すでに、教養層ばかりか一般国民層も次のような見解を完全に共有し、堅持する時代となっています。つまり日露関係は、両国民の幸福ばかりか隣国、すなわち中国とその文化的暮らしの安定にも寄与するのです。日露関係は、アジア東部の平和の基盤となるばかりか、その善隣関係は将来アメリカと力をあわせて太平洋の平和確立に寄与し、よって全世界の平和確立に寄与するに違いないのです。

国の外交というものは、政府だけが得をするものであってはなりません。国民の利益が曖昧に放置される時代は過去のものとなりました。上述のように日本とロシアは特別の関係にあります。このような理由で、イギリス、アメリカだけにおもねる国際友好関係を築くような政策は受け入れることはできないと考えるのです。

そのうえ、［我々］両国は主導権をとり、列強の模範となるべきであります。日本の国民にとりどんな新たな事態が生じているかについて、閣下に理解して欲しいのです。アメリカ、アフリカ、南洋諸島や他のイギリス植民地で起こった反日運動のみを念頭においているのではありません。互恵を原則に、新生ロシアの資源が日本を大いに助けることにもなるのです。両国民が力を結集することにより、ベルサイユ、ワシントンなどの国際会議で生じた欠点や誤りを補うことができると考えられます。

何よりもわれわれの友好関係が、全人類の幸福の基盤になることを望んでいます。まさに日本人とロシア人が東西文化を統一することによって、これまでの国民生活の困難を必ず排除できることを確信するものであります。

書簡の最後で、両国の関係正常化のために行ったヨッフェの努力と活動を高く評価し（ヨッフェは著名なトロツキストであったから、ソヴィエトの出版物ではいっさい言及されていない）、後藤は検討すべき具体的問題点を、次のように指摘した。

シベリア・クレジット問題についての朝鮮銀行の提案についてでありますが、両国民のさらなる経済発展のために賛同に値するものであると考えます。銀行は日露合弁であるべきです。独自のシベリア・クレジット銀行の設立が必要であるという計画につきましては、ヨッフェと話す［に述べる］機会がありましたが、その詳細は私設秘書のレーヴィン氏から閣下に報告があるはずであります。もしヨッフェ自身が閣下に報告できる状況でなければ、レーヴィン氏に直接訊いていただくのがよろしいかと思います[1]。

ここで若干の解説が必要であろう。日本の公文書館で調査していたアメリカ人の歴史家ジョージ・レンセンが注目すべき北京からの報告を発見した。それは、ドイツの新聞『ケルニッシュ・ツァイトゥング』の情報通の中国首都駐在記者エーリッヒ・フォン・ザルツマンの記事を引用したものである。ザルツマンはソヴィエトや日本の外交官と交流し、情報交換をおこなっていた。彼は、後藤がチチェーリン宛て書簡のなかでとくに強調したヨッフェの秘書のことをのべていた。「レーヴィン氏は、特権を有するいわゆるチェキスト（非常委員会）メンバーである。彼は、直接モスクワに報告をしている。彼はヨッフェ氏を監督し、ヨッフェ氏よりも重要な人物のように私には思われる[2]」。この情報を確認する、せめてレーヴィンについてもう少し知ることには、今のところ残念ながら成功していない。公開された資料でも、外交公文書館でも分からない。おそらく他の公文書館で探す必要があろう。

■カラハン大使、後藤に回答

モスクワからの回答は、長い間待たねばならなかった。その間に、日本で重大悲劇が起こった。一九二三年八月二四日、加藤友三郎首相が結核で亡くなった。内田康哉外相が臨時首相となり、九月二日には内田を除く新内閣が発足した。総理大臣は山本権兵衛海軍大将で、外務大臣は前中国公使の伊集院彦吉、陸軍大臣は田中義一。一部の新聞は「人材内閣」ともちあげた。

後藤は、これまで一度として新首相の政治的同盟者とみなされたことはなかったが、枢要な内相のポストに就いた。野党の憲政会総裁加藤高明が政権の座に就くことができない(元老の反対によって)以上、後藤に的を絞った方がよいのではないかといった噂が立ちはじめた。憲政会は護憲運動の主導政党の一つであったが、当時の国民の多くはそのじっさいの指導者は後藤であるとみなしていた。当時後藤は、男子への普通選挙権賦与の問題や党首の腐敗や暴圧に反対する「政治の倫理化」運動に積極的に携わっていた。彼は、一九二三年秋、普選準備会の創立を呼びかけた。後藤は、その人気と権威にもかかわらず、これまで一度として自分のための大衆的政治基盤を持つことはなかったが、機ここにいたり、遂にそれを設立することにしたのである。

内相としての後藤は、東京と横浜を完全に破壊した九月一日の関東大震災の悲惨な跡始末と復興に取り組まざるをえなかった。一方で、非公式にはモスクワとの会談を成功させるという仕事があった。震災への対応という課題にかんして、後藤と山本は以前のいがみ合いを忘れて協力し合った。二つ目のロシア問題についての仕事は名誉なことであると考えた。首相は干渉しない旨を約束した。

一九二三年一〇月七日、後藤宛ての長い私信が北京のカラハンから送られてきた。彼は、自分だけではなく、「後藤にとっても重要な問題について意見交換をおこなう」決意をしたものと思われた(3)。チチェーリンからの回答はまだであった。カラハンは後藤のチチェーリン外務人民委員宛ての書簡に触れるとともに、多くの点に言及していた。書簡は、「直接閣下にお目にかかったことはありませんが、旧知あるかのごとく筆をとらせていただきました。わたしの友人やチチェーリン氏に宛てた閣下の書簡を通して、閣下の世界観に触れることができました」と記していた。今後はいったい誰が日本と交渉に当たるのか、また誰が極東問題解決にかんしソヴィエトの新全権代表になるかについて触れていた。

ヨッフェ―川上会談の時に会談を継続する場所は、東京やモスクワでない方がよいという結論に達していた。北京が、地理的にも政治的にも理想的と考えられた。日本もロシアも、北京に十分な交渉基盤をもっていたからである。特命全権公使の芳沢謙吉が、カラハンの相手になる。これは、次期内閣で決定されるだろう。一九二三年一二月、無政府主義者の学生、難波大助が将来の昭和天皇となる皇太子の謀殺未遂（「虎の門事件」）を起こした。山本内閣は、事件の責任をとって総辞職した。政権の座にあったのは、わずか四ヵ月であった。保守的な貴族院議員の清浦奎吾が、新首相の座に就いた。同内閣にたいする国会と党の支持はなく、最初から「過渡的な内閣」とみられた。同未遂事件の責任をとって、閣僚は完全に一新され、後藤の入閣はなかった。しかし、清浦内閣時代においても、後藤は重要な仕事をおこなっていた。そのことについて、外務省欧米局ロシア課の東郷茂徳が後藤の言葉を回顧している。「外相松井（慶四郎）に対し予は一日対『ソ』交渉の従来の経過を説明し、わが方よりするも早きに臨んで解決するを得策とするゆえんを述べて右『カラハン』の申出に応じしかるべき旨を進言した(4)」。

カラハン書簡に戻ると、差出人は外交官というよりむしろジャーナリストであった。書き出しは、社交辞令ではじまっていた。「閣下が心血を捧げ、絶え間ない配慮と努力を注いでこられた日露問題は、両国民の友好のうえに極東や太平洋全体の平和の保障、秩序、繁栄が依存していると考える、すべての当事者の新たな努力を必要としています」。

話は、関東大震災へと進んだ。地震の後始末は、後藤と彼の管掌下にある内務省の仕事であった。カラハンは、続ける。

残念ながら日本国民を襲った大惨事のために、数万人にのぼる被災者の救助に全力が注がれ、露日問題がしばらくの間後まわしとされたことは致し方ないことであります。未曾有の大地震によって、すべてが破壊されました。その惨状から立ちあがり、復興の方策を考えて、政府も国民も全力を傾け、日本国民の誇りである不屈さでもって立ち向かわれました。日本人民が不幸に苛まれていた時期に、われわれ共和国政府と人民は、日本国民にたいし同情と深い悲しみの念をもって被災者のために広く大衆に支援を呼びかけ、寄付を募りました。この事実を証言できることを喜びとするものです。…とくに強調したいことは、不幸への反響が形式一点張りのものではなく、むしろ全人民、国民一人一人をとらえ、そこに慈悲深い気持ちばかりでなく、ロシア国民の日本国民にたいする広い同志的な同情心を感じたことであります。

そのあとに「批判の部分」がつづく。いわゆる「レーニン」号事件についてである。「ロシア国内の順調で好ましい対日気運に打撃をあたえた」事件である。ごく簡単に事の経緯を想起しよう。地震のニュースを知って、ソ連邦中央執行委員会は、ウラジオストックから日本へ向けて、医療、食料品を積んだ「レーニン」号を差し向けることを決定した。ソヴィエト側の情報によれば、二万人の二ヵ月分の食料品が積みこまれていたという。

日本の港湾当局が船に乗りこんできて、支援を謝し、当局の責任で荷降ろしをするように勧告がありました。彼らとしては、次の段階で荷物を軍部に渡し、そのうえで被災民に配られるという説明をすることになるでしょう。これにたいして、「レーニン」号は、ウラジオストックの労働者が日本の労働者に渡すために集めた物資であるので、軍部に渡すことは避けたいと主張しました。結局、当局の勧めは拒絶されました。…日没近くになって、戒厳令が出されているので上陸許可は下りない、との宣告がありました。そのうえ、これら物資はもはや不要であるとの申し渡しがありました。翌日、将校を従えた警備のお偉方が船に乗りこんできて、即刻出港すること、日本の他の港への寄港は禁止するという内容の東京政府の命令書を持参しました。

その証拠として提示されたのは、一九二三年九月二〇日付のコミンテルン執行委員会東洋部次長、グリゴリー・ヴォイチンスキーに宛てたコミンテルン執行委員会ウラジオストック代表、イ・ファインベルクの書簡であった。実際、ファインベルク自身、「ジョージ・ブラウンの偽名を用い二等航海士として登録して」[5]同船に乗りこんでいた。

事件は、全世界に向けて報道された。日本官権は、ソヴィエト代表による共産主義の宣伝が試みられ、船内に煽動用の文書が存在したことを指摘した。「これら虚偽の情報をくつがえし、大々的に反論を繰り広げる必要がある。九月二一日付のチチェーリンの回章が在外ソヴィエト代表に発せられた。…明らかに日本の反動勢力は、日本とロシアの緊密化を妨害するために、われわれの支援を大きなスキャンダルへと変えたかったのだ[6]」。全世界の共産主義各紙は、一斉に抗議の声をあげた。もっとも極端な主張は、日本の内政干渉にもつながりかねないものであった。カラハンは、少しも動揺することなくさらに続けた。

根も葉もない理由で、横浜からロシアの船が追放されたことを知った時の侮辱と悲嘆は、とうてい言葉で表現できるものではありませんでした。…きっと露日緊密化の敵が、横浜に入港したわが国同胞の支援物資を積んだ船にたいして策略を講じた愚かな中傷だろう、と私は考えました。

これは、内相としての後藤に抗議したものであった。じっさいには、日本官権の行動にたいする抗議であった。書簡の筆者は、それでも非難を「外交的に」後藤個人から逸らして、無理やり責任者を探し出そうと努めていた。

この事件は、地元の軍司令部を後ろ盾として起こり、東京政府はこのことを事後に知ったこと、日本国民はこの屈辱的事件にかんしてはまったく潔白であったことを知りました。日本のシベリア出兵を鼓舞指揮したある軍関係者たちが露日関係に多くの害をもたらしたことが明らかになった過去と同様、現在も軽率で無分別な人たちの手によって、好ましい方向に向かいつつある両国民の相互理解に打撃があたえられたのです。

政府声明に続き、ソヴィエトの歴史家たちはその後何十年もわたって、「レーニン」号が日本に寄航した時に指摘された教宣や煽動の事実はまったくなかったと主張してきた。しかしつい最近ファインベルク、ヴォイチンスキーの書簡が公開されることとなり、やはりそれは事実だったことが判明した。

私は、上陸が許可され、同志あるいは労働組合代表と接触できると期待し、旅行許可を受けとった。私と一緒に通訳として登録した同志の間庭（末吉）、同志辻井（民之助）〔二人はウラジオストックの日本共産党ビューロー〕がいた。辻井を上陸させようと船内にかくまっていた。「レーニン」号の航海は、共産主義者の協力網を使って計画され、日本情勢の情報を直接得ようとして決定された。東京への出発に際し、ロスタ通信代表ワシーリー・アントーノフから得た情報はきわめて不十分なものであった。「一両日中に同志辻井が日本に海路帰着する」。ファインベルクの報告は、次の言葉で終わっていた。「ウラジオストックで活動家を無為にすごさせるより、故国に戻して働かせる方がためになる」。

内相の後藤に手紙を書いたとき、経験豊かな革命家カラハンは、党の同志が破壊工作を企てていたことを本当に知らなかったのだろうか？ カラハンの手紙は、ますます激しい攻撃口調となった。

日本が誠意をもってわれわれとの緊密化を望んでいたと思ったのは、間違いだったのでしょうか。…わが国は、なぜ日本との国交回復が必要であるのかについていっさい説明を要求したことはなく、ただひたすら目的に向かって努力してきました。日本は反対に、列強との同盟政策［内田の敵対外交路線］を理由にして、われわれの要望を容認しませんでした。我々との緊密化の必要性の理解を深めるための活動を、日本は大いに展開すべきだったと考えます。…露日関係は会談を繰り返しているわりには、いままで進展がなく、それは異常です。今後紛争や不快事を回避したいのならば、できるだけ早期の解決に努めるべきでしょう。特別な利害も必要性もなかったときにおいてさえ、常に日本国民の要望に沿うようにわれわれが忍耐強く努力したことを思いおこしていただきたい。

もちろん、書簡の主な目的は要求事項を並べた長いリストを提示することではなかった――もっともソヴィエト外交は常にそのようなリストを喜んで提出するのだが。カラハンは、後藤に向い行動することがなによりも重要であるとのべた。

現在会談は中断されており、いつどんな状況で再開されるか分かりません。閣下にとっても、また私にとっても、ここで会談を再開するのか、会談するばあい両国の関係正常化に至る道筋をどうつけるのか。はっきりさせる必要がある、と思います。

これは、最後通牒のように響いた。もしそれが最後通牒だったとするならば、日本の外相ではなく内相に宛てられた最後通牒であった。

モスクワは、日本側の実際の交渉相手として誰を望んでいるか。カラハンはこのことを暗示していた。伊集院外相は、「近隣諸国との友好関係樹立のためにロシアと国交回復をしなければならない」、との声明を出した。これは、事態を何ら変えるものではなかった。全権代表は、あからさまに皮肉をこめて続けた。「伊集院の公式会談開始の発言をどんなに理解しようと思ってもピューティアー

（アポロの神託を受けた巫女）的で、公式会談準備に向けて精力的な調査と準備をしているという印象を抱けませんでした」と。

カラハンは直面している問題について名宛人の注意をうながした。

世界の利益と民族の幸福は、自国の利益ばかりでなく、太平洋諸民族のために空白を埋めることを要請しています。この対応が遅れると、取り返しのつかない、思いがけぬ結果が生じる怖れがあるかもしれません。

このソヴィエトの外交官は、重々しく「いったい何がこれら二つの隣国を不和にしているのか？」と問いを発して、みずから答えた。

尼港事件については本質的な意見の違いはありません。ただ、表現の違いなのです［つまり、合意の表現方式］。重要な点は、これが帝政ロシアと日本の間で取り決められた旧条約と債務の問題であることです。

おのれの議論を展開したようにみえて、カラハンは、明らかにモスクワからの訓令に従って語っているようであった。いかなる妥協もあり得ないことを暗示して、ヨッフェの書簡や声明ですでにお馴じみとなった考え方の理由や動機について注意深く説明しようとした。

日本は、かたくなに旧条約と戦時債務の継承を認めさせようとしています。しかし、これら両問題は、日本国民にとって切実な問題ではありません。このことを、ことさら証拠だてる必要はないでしょう。日本政府は債務の即時返還を要求しているのではなく、ただその承認を要求しているにすぎません。日本政府は実効性に関心があるのではなく、原則論に執着しているのだと考えます。残念ながら、この点については、ゼノア会議においても協商列強国と合意にいたらず、ハーグにおいても当該要求が続いており、協定を結べない状況にあります。…決裂を望む人たちだけが、われわれに戦時債務の承認の要求を提示すればよいわけです。

旧条約との関係にかんして、根拠が薄弱であればそのような主張を認めることはできません。…条約の多くはそれなりの意義を持ち〔注意―筆者〕、継承がすぐに承認されるものもあるかもしれませんが、その内容のかなりの部分は削除または根本的に改正されるべきものであります。日本政府は、旧条約のうち何を確保したいのかをはっきり明示すればよいのです。両国間の新しい関係構築のために、筋が通り、有用なものであれば、われわれはその全部を否定するものではありません。旧条約の全項にわたる無条件承認を要求することは緊密化を妨害する以外の何ものでもありません。

カラハンは、ジャーナリスト的でしかも社会民主主義者であり、熱っぽく、饒舌の癖があった。後藤も、説教調ながら文体上の美しさを好んだ。しかし両人は、ここでは問題点について実利的に話しあうように努めた。「面子《めんつ》を保つ」ために、カラハンは主張した。ソヴィエト政権は原則として帝政の負債を負うことはできないが、これまでの経験上「分別ある」関係を拒絶するものではない。関係正常化を望むのであれば、交渉をするまでである。交渉をしたくなければ、それは関係正常化に関心がないということである。

書簡には、次のような具体的な提案が記されていた。

露日問題をもっともオーソドックスなやり方で解決するためには、両国民にとり根本的に大切な意味をもつ条約の締結をおこなうことが先決となるでしょう。このような解決は、活力に満ちた国民のためになるものです。公式的とはいいながらも効力がなく、国際連帯義務といいながらも不信がつきまとう。そのようなことのために、力を尽くすべきではないのです。

最後の文言は、「国際連帯義務」、「不信」が何を意味し、ではどうすべきかについて、当事者の一方に決定権を残そうとするものだった。具体的な説明はなかった。自分が何を言おうとしているのかをはっきりさせるために、カラハンは説明を急いでいる。

われわれと日本の間で締結すべき条約は、ラッパロ条約の方式がよいと考えます。……この条約をもってすべての旧約定を清算するのです。過去のことは水に流す。両国民の将来が、過去の負債や不必要な支払いの責任から免れ、明確な基盤のうえに新しく築かれる。これは、「相殺」と呼ばれる原則。日本国民の正当で明確な利益は、まさにこのような原則に立つ条約締結によるべきと考えます。旧約定のなかから両国民にとり、現在と将来の関係緊密化のために、重要な意味をもつものだけを取りだす。たとえば、日本が望むのであれば、第一に漁業問題の旧約定を認める。日本国民にとり一層好都合な将来の規定さえも可能にする。

これは、直接対話への呼びかけであった。ヨッフェがすでに言及していたようにモスクワにとっても望ましいラッパロ条約が先例として成立しており、解決策のひとつとなっていた。カラハンは、名宛人の注意を引くもう一つの意味深長な話題にも触れた。「問題は、役立たずの原理原則の言い合いではなく、喫緊の国民の関心事をどのように実現するかであり、両国は帝政ロシアとの旧条約をはるかに凌駕するその先を目指す必要があるのです」。ベールで包まれた表現とはいえ、これが協力の申し入れであることは、明らかであった。全権代表は、日本経済にロシアの天然資源が必要不可欠なことに触れて、自己の考え方を具体的に敷衍した。ソヴィエト政府は「互恵原則」にもとづいて、日本にたいしてこれら資源の使用許可の用意があることを仄めかした。

以下は、チチェーリン宛ての後藤書簡への直接的な回答となる部分である。カラハンは続けた。

今日〔関東大震災以後〕、閣下の考えはますます大きな意義をもつことになると考えます。私は全面的に同意し、積極的に閣下のご要望を容れ、たとえその量がわずかであろうと、日本が持たない天然資源を支援することが、日本の重要な二つの都市〔東京と横浜〕の復興事業と貴国の経済復興事業に役立つだろうと考えます。

東京の嫌露派からの報復やサボタージュに備えて先手を打つことを念頭において、カラハンは続けた。

古い偏見のバラスト(不要荷物)を落す必要があります。……死んだも同然の旧債務の話を続けることは、新ロシアとの友好を不可欠とみなさない経済的に自足した国におこなってもらえばよいことです。日本はロシアとの間では、他国によっては代替できない本質的に重要な利害関係を有しているのですから〔注意―筆者〕、自国の道を進むべきであります。……日本はたんに他国の顔色を窺うのではなく、独自の道を探るべきです。そうすれば、もっと正当な行動が保証されると思います。……日本の政治が動揺し、われわれに敵意をもつ人々〔山本首相または田中陸相を指すらしい〕が短期的に日本政治に関与することになるかもしれませんが、日露間の緊密化は十分に強力な権威ある支持者を得て、閣下がはじめられた仕事は、かならずや成功裏に完成されるだろう、と私は思います。

■チチェーリン外相からの遅滞した返事

ついに一二月一八日、チチェーリンみずから、後藤に回答を送った。回答の遅れの釈明も説明もせずに、外務人民委員の返書は「極東の偉大なる隣国の最も優れた政治家の一人」と名宛人にたいする一般的な外交辞令ではじまった、「大臣閣下、善意があるかぎり、両国間の争点すべてを和解させることはそれほどむずかしいことではありません。早期の会談復活のために、できるかぎりの努力をおこなっていただきたい」との希望をのべた。(7)

チチェーリンの短い書簡のなかで注目されたのは、次の三点だった。第一は、日本外務省にも伊集院外相にも触れずに、たんに「われわれの友人カラハンと後藤閣下との会談」と記していること。「われわれの友人ヨッフェ」が病気で去った後の後継者として、チチェーリンが正式に後藤に推薦したカラハンは、すでに北京で芳沢公使との交渉に入ろうと努めていた。芳沢は、応じなかった。書簡で触れているのは明らかに公使ではなく、一九二三年秋中国のカラハンに後藤が派遣した秘書で片腕の森孝三のことだった。(8) 第二は、チチェーリンが後藤に、「わが政府は他国への内政不干渉を厳守しており、わが国にたいしても同様のことをおこなってもらいたい」とのべていること。これは、ソヴィエト・ロシアの承認に反対する人たちが危惧していたこと、すなわち日本では口頭であれ共産主義宣伝をしないことの代わりに、日本も内政干渉をしないとの保証をおこなって欲しいとの希望にほかならなかった。

最後に、チチェーリン外務人民委員は、地政学的な総括へと話を進めた。

われわれは、日本との今後の関係を展望して、多くのことを期待しています。全世界の関心はますます太平洋に向かい、近い将来に太平洋の利害が世界の支配的地位を占めることとなるでしょう。シベリアは大いに将来性があり、日本との緊密な関係はわれわれ極東地域の発展の基本条件であります。

このなかに、著名なボリシェヴィキでヨーロッパ中心主義者チチェーリンの秘めた論点をみてとることができる。まさに一八九九年、ウラジーミル・ソロヴィヨフは『三つの会話――戦争、進歩、世界史の終わりについて』のなかで、「世界史はその中心を極東に移している」と指摘した。チチェーリンのような教養人が、偉大な哲学者のセンセーションをおこした本を読んでいないとは信じがたい。この考えは、ソロヴィヨフの死後、ロシアといわず外国でも生き続け、繰り返し叫ばれてきた。

一九二四年一月三〇日付の回答書簡で、後藤は差出人の結論に強い賛意を表明した。

閣下の世界政策についての卓越したご見解をお聞きし、ことごとく同意見でありますことをここにお伝えしたいのです。世界政治の流れにおいても、ますます太平洋地域への注目度が高まり、全世界が東アジア世界と密接な関係をもちつつあるという閣下のご指摘は、私の現在の考えとまったく一致するものであります。日露関係がこの点では重要な意味をもつわけでありますから、両国の政治家は可及的速やかに友好関係復活のために誠心誠意働かねばならないと思うのです。(9)

後藤は、会談続行の決定が遅れていることをとくに説明する必要があると思った。

遺憾ながら、九月の大震災は露日問題の解決に大きな障害となったばかりか、反動的風潮を招来することにもなりました。政府は復興や他の内政にかかわる緊急問題の解決に専念せざるを得ず、私とヨッフェの間で始められた友好関係の回復にもブレーキがかかることになり、当分私自身も待機状態にあるのです。これは一時的な現象でありますが、両国民の間に最近起きた誤解〔「レーニン」号事件〕に対する幾分かの説明になるのではないかと考えます。しかし双方にとって、基本的な関係になんら変更はないのですから、会談の復活はそれほど遠い将来ではないと考えます。他方、指導者がしばしば変わるものですから〔日本の内閣や外務省において〕、各人が新たに会談の経緯を勉強し、条約締結の条件を初めから学ばなければならないといった事情もあるのです。

■日ソ基本条約と新しい期待

関係正常化への道が開いた。一九二四年五月、北京で、長い間待たされていたカラハンと芳沢の公式会談がはじまった。そして、一九二五年一月二〇日、じつに七七回（！）の会談後に、ついに日ソ基本条約が調印された。条約は友好のためではないとしても、正常なパートナー関係樹立のための好ましい土台となるものであった。

条約の締結は、関係正常化への政府の緩慢さと不活発さを長い間批判してきた日本の新聞界に大きな喜びをもたらした。後藤も、もちろん第一に発言した。ヨッフェ会談を含む、過去二〇年にわたる両国間の交渉について独自の活動体験を通して得られた考えを語った。「共産主義の宣伝が日本の内政を脅かさないことが前提となるが、経済的互恵や政治的パートナー関係での利点は多い。マルクスの教義やボリシェヴィキ体制といった政治的側面も、克服できない障害ではないだろう」。後藤は続ける。「そもそも、共産主義の宣伝といっても、それほど恐れることはないだろう。共産党は多くのヨーロッパ諸国ですでに存在し、合法的に宣伝もされている。もしその活動が国家の安全を脅かすことになれば、当局が首尾よく取り締まればよい」。後藤は、条約締結がもたらすもっとも身近な成果のひとつは、ロシア、日本、中国の関係で、列強諸国が「政策面で大転換」を余儀なくされるであろうと指摘した[10]。序でながら、すでに一九二四年三月に、東京とモスクワ間の可及的速やかな交渉復活が呼びかけられ、英米に対峙するアジアにおける「赤色」外交の活発化について、後藤は呼び掛けをおこなっていた[11]。

後藤は、在東京のソヴィエト外交官と積極的に接触した。世論と業界を代表して、主に経済問題について、モスクワのチチェーリン宛てに書簡を数回出した。日露協会の活動も拡充した。日本名の「日露協会」はそのまま残し、モスクワの要求に従って、「日ソ協会」へと名称を変更した。後藤はその活動を指揮し、その死にいたるまで終身会頭の地位にとどまった。総裁は、事実上の名誉会頭で、一九二三年以降、最古参の皇族で後に元帥ならびに参謀総長となる閑院宮。理事会には、業界有力者で何度も蔵相を務めた高橋是清、井上準之助と外相経験者の石井菊次郎、南満州鉄道理事の大蔵公望男爵、そして旧ロシアにも新ロシアにも好意的な有名人が名を連ねていた。

その広範な人的ネットワークと評判から判断して、後藤がモスクワと交渉する理想的人物である。ソヴィエト指導者はそうみていた。一九二四年一月、後藤は、前もって朝鮮銀行の支援を取りつけたうえで、極東における為替業務のために日露銀行創立の提案をチチェーリン宛てに送った。朝鮮銀行は、朝鮮と満州の企業に融資するために、日本政府が特別に設立したもの。後藤の秘書の森孝三が、一九二四年冬にその計画を持ってモスクワ入りした。チチェーリン、国立銀行や財務人民委員部の職員と会見したと思われる（会見記録はいまのところ見つかっていない）。森は、ソヴィエトの科学学術施設も視察したうえで、モスクワからベルリンへ赴き、そこでもソヴィエトの外交官や「新ロシア友好協会」の職員たちと交流をおこなった。後藤は、その体験に大きな関心を寄せた。

このような行動は、反ソヴィエト派に属する駐独大使、本多熊太郎の不興を招いた。本多は、森がまさに接触した「赤い人々」に直接照会したが、彼らは率直な回答を避けた。一九二四年七月二日、後藤の密使と会った参事官ニコライ・ドミトリエフは、チチェーリン宛てにベルリンから書簡を送った。「本多と森は、政治的見解を異にしていると思われる。本多としては、森の活動とドイツでの動きをとにかく管理したいと望んでいる。こちらではこの点を考慮し、対応する必要がある」[12]。

朝鮮銀行は、ソヴィエト領土内での事業計画を立て、有価証券発行権を要求したが、人民委員会議がそれを抑えたものと思われる。後藤の計画は、実現しなかった。朝鮮銀行は、ウラジオストックに支店を開設することが許された。支店は一九三〇年末まで営業したが、外貨法違反とソ連邦に経済的損害をあたえたという口実で地方官憲により閉鎖された。

後藤は、ソヴィエト指導部に共同計画の利益を懸命に説得し続けた。一九二五年春、彼はチチェーリンに宛てて書いた。

日露関係においては経済的要素が重要な役割をもっていますし、世界政策のうえでもその意義は大きいと考えます。最近満州を旅行して[13]、とくに確信を強くするに至りましたことは、日本、ロシア、中国の三国の共同活動のみが極東大陸の経済利用を可能にし、極東の平和を保障するということです。…私自身も経済計画案をもっていますが、それは両国民の友好的な共同作業のもとで、シベリア天然資源の開発を目的とするものであります[14]。

一九二五年六月一八日、後藤は、ソヴィエト大使ヴィクトル・コップに、ロシア極東の天然資源の開発に向けた日本企業誘致計画を作成していると打ち明けた。後藤は、シベリアまたは沿海地方への未開拓地開拓のための移民事業を最優先したが、これに日本人失業者二〇〇万人の活路を見出していた。後藤の計画は一九二七年末に書かれたと、外務人民委員部の業務メモのなかに記されている。

後藤子爵の移民計画問題が日本の新聞に最初に報道されたのは、一九二六年初めのことだった。……まさにその時［?――筆者］、後藤は同志コップの要請にもとづき、彼に計画内容を報らせた。後藤は、自分の移民計画を、次のように語った。近い将来、およそ日本の五千家族がシベリアに移住可能であると思う。各家族への支援額は、長期債でおよそ千五百円とする。日本人移民にたいして貸付をおこなう銀行は、同時に、ロシア人移住者にも日本製農業機械を長期融資を供与する、と。

シベリアのどの地域に日本人移民を送りこむのか。また、それが実際に可能なのかどうか。後藤自身にもよく分からなかった。しかし、後藤はこの問題に、まず政治的意義を見出していた。彼はのべた。「このような問題をたった一度提起するだけで、アメリカの移民政策の非を全世界に知らしめることができるのです[15]」。

二十世紀前半のアメリカ合衆国やオーストラリアにおける反日移民法の厳しさは、日本国内において反英米的風潮を強めた。差別法は潜在的出国者の道を閉ざすばかりか、新天地に根をおろした人々にも不安を抱かせる。こう考えて、後藤は鋭く反対した。日本がアジア内部のこととみなしているにもかかわらず、アメリカ合衆国はそれに干渉していること、アメリカ人、とくにジャーナリストや宣教師がアジアで反日宣伝をおこなっていることに、後藤は注目した。[16] 後藤の反英米的傾向については外務人民委員部極東課が調査し、一九二七年一二月の子爵の訪ソ前にチチェーリンに報告した。[17]

「かつてコップは、後藤の計画に肯定的だった」。外務人民委員部のメモは記している。一九二六年四月二二日付のチチェーリン宛ての書簡のなかで、コップは次のように書いた。「国内世論に特に強い共感をよび起こし、黄色人種の日本人が高慢なアメリカ人にたいしていだく憤懣をさらに焚きつける好機だと思います」。後藤との話のなかで、同志コップは、問題の首尾よい解決を遅らせているのは、純粋に客観的な困難が存在するほかに、満州における日本の鉄道計画がある。それが移民計画と相まって、植民地帝国主義の両刃の剣となり、われわれには容認できないのだ、と指摘した。だが同志コップは、満州での日本の政策にブレーキをかけるために、後藤の計画を利用できるとも考えた。

一九二五年一一月、後藤は、加藤高明が率いる政府に向って極東開発株式会社設立計画に関心をもつように働きかけた。一九二七年五月、彼は、同様の計画をソヴィエト全権代表ヴァレリアン・ドヴガレフスキーにも手渡した。その時すでに田中義一が首相となっていた。政府と後藤の関係からいって、同提案はより大きな重みをもつようになっていた。田中は、一九一三年当時、これらの計画過程でこの仕事に携わり、後藤が関心をもつ植民計画を自分自身でも練ったことがあった[18]。今回の計画は、八六万平方メートルを七五年にわたって租借するものであった。一九二七年八月、全権代表代理の参事官グリゴリー・ベセドフスキーは、おそらく外務人民委員部の意見を聞いたのであろう、面積を一万平方メートル、つまり八六分の一(!)にまで縮小、期間も三〇年へと短縮して、中央利権委員会に申請の手続きをするように「助言した」。

一九二六年一月六日、「とくに指示にもとづくものでもなく、個人的な興味のある話として」、モスクワで田中都吉大使が、チチェーリンとこのテーマについて話しあった。これは、何か重要問題に入るさいにしばしば外交官がのべる口上であった。

日本には、ソヴィエト領土内で米栽培に挑戦してみたいと希望する真面目な実業家がいる。日本は米不足で、隣国で米栽培が盛んになることを強く望んでいる。彼らは、ロシア農民の努力で米栽培が根付くよう責任をもって、ソヴィエト領内のロシア農民を指導する用意がある。この目的のために、合弁会社を作ることも考えられる。

大使は、日本人から米栽培を学んだアメリカの農場経営者の例をひいた。チチェーリンは、問題の知識がないと述べつつも、すぐに次のような危惧を表明した。「沿海州には、拭い去ることができない占領とパルチザン闘争の時期の思い出がある。これが、日本人農業労働者と地元住民との調和ある共生を妨げるかもしれない」。

それから二年後となっても、彼は後藤との会話のなかで同じ論拠を繰り返すにちがいなかった。西シベリアの土地はどうか、と人民委員が提案した。大使はあまり乗り気ではなかった。大使は答えた。「これらの地域は日本から極めて遠く、日本の利益を目的とする企業をその地に誘致することはきわめて困難であろう」[19]。日本人が、「きわめて困難であろう」という場合は、不可能あるいは提案の拒否を意味する。日本人は、もっと近くの少し住み慣れた気候の地域、つまり沿海地方かアムール川の中流または下流地域に事業地が欲しいと考えていた。ソヴィエト指導者たちは、これは明らかな策略にちがいないと考えていた。

その日、外務人民委員部でチチェーリンが議長となって、目下の問題についての会議が開かれた。「関係省庁代表者」のなかには、モスクワ滞在中の極東革命委員会議長で極東ソヴィエト政権代表のヤン・ガマールニクも含まれていた。彼らは、日本の植民案を「政治的に有害」とみなした。が、「この時期の政情を考え」、「戦略上われわれの危険とならない地域に厳しく限定して、日本人移民を容認すべきである」と主張した。極東革命委員会にたいして、日本人移民のための地域を特定するように指示した。移民総数は六万五千家族、または三二万五千人までとなった。移住は密集させず、ロシア人移住者と碁盤の目方式で配置することも決定された。

後藤は、「具体的形式で両国民の友好関係を強化するために」、「日本とソ連邦国民の将来の友好関係発展の具体的施策として」、ハンカ湖地域と南ウスリーにおける米作権を日本人に提供する問題を、幾度となく採りあげた。[20] 利権の規模については八〇万ヘクタールというのが、彼の構想であった。

この点については、外務人民委員部が言及したメモが残っている。

しかし、地方執行委員会〔極東の〕は、ハンカ湖地域が国境付近にある、これら地域へ日本人を移民せしめることは、戦略上きわめて危険である。どうしてもというのであれば、この土地の代わりに、広くて人口まばらなビルスコ・ビジャンスキー地域の提供を申し出たい。当該地域は、「戦略上、…脅威がより少ない」と認められる。

結局、ソヴィエト側は後藤の提案を断った。「植民」という言葉自体が、ソ連邦とコミンテルンがそれに対抗して闘ってきた「植民地主義」を連想させたからである。一方、「移住政策」という言葉は、ボリシェヴィキにとり、不快なストルイピン期の移住計画を想起させる。まさに言葉自体が、危惧の念を呼び起こしたのだ。「資本主義の包囲」の恐怖に絶えずさらされてきたクレムリン指導者たちは、移住政策のなかに、遅かれ早かれ避けられない来るべき戦争のためにソ連領に合法的に浸透する潜在的な敵兵を見てとったからである。

すでに一九二七年末、外務人民委員部は、ビロビジャンに、「一定の条件と制約のもとで、日本人に農業利権を与える」、但し「戦略的にまったく無害なものにする」可能性を検討していた。その位置づけは、以下のとおりである。第一に、利権は「日本の現状に顕著な役割をはたすならば、日本の若干の〔指導〕層に、侵略政策よりもわれわれとの協力を選択させることになるのは言うまでもない」。第二に、利権は「一定の条件があれば、わが国の農業発展を助けることにも、したがってソヴィエト移住民が当地にすみやかに住みつくことにも、大きな刺激となりうる」。

一九二七年一二月、モスクワ入りした後藤は、早速、ハンカ湖地域に三億円を投資する用意があることを表明し、再度植民計画について言及した。それに先立つ八月二三日、外務次官の出淵勝次は、同子爵の依頼にしたがいこの問題にかんしてベセドフスキーとの対談をおこなった。予想したとおり、はっきりした回答はなく、対談者の希望は打ち砕かれた。後藤は、チチェーリンとカラハンの説得に全力を尽くした。付随して生じる好ましい政治的効果を強調した。しかし、人民委員の態度は最初から懐疑的であった。おそらく何をおこなっているかを自覚しつつも、うんざりするほど、詳細にわたって説明した。一月二日、政治局は会談経過を注意深く見守った後、すべての提案を元の木阿弥とした。「いかなる条件であろうと租借権をあたえることはできない。ロシア住民がこの事業に従事しており、彼らを追い出すことができない」[21]。

本問題は、一九二六年四月一日付の「対中国・日本関係政策問題」と題する政治局決定により、原則的には解決済みであった。その結びの章は、「日本人移民について」と題して、次のように記していた。

ソヴィエト極東の日本人移民問題の解決に、日本の世論が大変な関心を寄せていることを考慮しなければならない。とはいえ、極東の日本人植民の危険を考慮すると、注意深く少しずつ前進しなければならない。ソ連邦内に、何人かの日本人移住者を容認できるか否か。このことを、明確にすることは時期尚早である。どんな場合であれ、日本人移民を過多にしてはならない。日本人移民は、厳しく管理して、ばらばらに受け入れるべきである。日本の資本を用い、この目的のために創設された特別な会社の支援を得ておこなうべきである。日本人植民者は、中央ロシアからの植民を強化しつつ、ロシア人植民者たちとチェス盤状に分散、居住させるべきである。提供される土地は、日本の人に受け入れられるもので、日本式農耕の特性を考慮する必要がある。日本人植民者に向いた土地は、ハバロフスクとそれ以南の土地で、シベリアの奥地ではない。日本人を装った朝鮮人移住者は許可されるべきではない。朝鮮人植民問題は別途に検討されねばならない［日本側でも検討されていた］が、彼らにはシベリアのずっと奥地が提供されよう。(22)

その後ソヴィエトの指導者たちは、これらの計画すらも放棄した。

これらの決定にかんして思い起こさなければならないのは、一九一八年七月にチチェーリンが日本側に提案した考え方である。

われわれは、シベリアの天然資源の平和的利用やわが国の商工業への参加を望む日本人を受け入れる用意がある。中国の賛意が得られるならば、東支鉄道の一部の権利を放棄し、日本に同鉄道の南部支線［ハルビン―寛城子］を譲渡して、ロシアが日本から食糧や製品を輸入しやすくする。われわれは、日本との通商条約や日本人の豊かさの源である漁業協約を更新する用意がある。(23)

当時、日本はこれにたいして回答を行わなかった。一九二五年八月、チチェーリンは『イズベスチヤ』紙に「新漁業協約」についての展望をのべる記事を掲載した（匿名であり、もちろん個人の意見ではない）。

今後は、「新漁業協約を締結する」こと、北サハリンだけでなく、「極東のわが領内に」も日本の利権を受け入れること、後藤が提案したように、「ソ連と日本との間の経済業務にかかわる融資のために合弁銀行を設立する」こと、「地方の条件や政治的考慮にかなうシベリアの一部に日本人植民を展開する」ことさえも、歓迎する。(24)

ボリシェヴィキ指導者たちが周辺国に見たのは、潜在的な敵であり、武力干渉者であった。彼らと違って実利的な人間である後藤は、イデオロギー的ではなく、経済的、地政学的な範疇でものを考える人間だった。彼は、イデオロギーの擁護者たちを軽蔑し、革命前からの自分の政策を首尾一貫して維持し、たとえボリシェヴィキであれ、できるだけ強くロシアと結びつき、一緒になって共に英米勢力の拡張に対峙することに努めた。一九二七年一二月二九日、彼はチチェーリンに伝えた。「日本に対する危機意識は、何ら根拠のないことです。ロシア人は、日本軍が侵入してくる［おそらく利権を守るために］と心配しています。これは、あり得ないことと繰り返し言いたいのです(25)」。

■「田中外交」とソ連

後藤がソヴィエトの外交官や政治家たちとの新しいレベルの交渉舞台へ登場したのは、田中義一内閣成立（一九二七年四月二〇日）の時であった。新政府は、政友会主導で組閣された。一九二五年に田中は総裁に推挙され、内閣倒壊の後を受けて、首相に就任した。後藤は首相の有力候補であったが、田中とは友好的な関係にあり、最重要政治問題の多くに共感を分かち合っていた陸軍大将にポストを譲った。

田中は、首相のあいだ中ずっと外相ポストを兼任した。これは、一八九八年短命だった第一次大隈内閣時代を除いて、近代日本史上初めてのことであった。大西洋主義的傾向が強かった外務次官出淵勝次は、一九二八年駐米大使として赴任した。その後任の吉田茂は、田中と同路線を採った。

外交政策の立案遂行にとって三番目に枢要な人物は、外務政務次官の森恪であった。彼は中国で長年日本の財閥の利益を代弁していたが、後に政友会の幹事長となり、「陰の実力者」と呼ばれた。

田中は、外交政策では、たとえ中国への派兵の恐れが高まろうと、政治・経済面での拡張を強行しようとする考えであった。そのために、モスクワとの間には少なくとも中立が不可欠で、できればソ連との関係改善が望ましかった。*(26) これは、一方では奇妙に思われることであった。まさに彼こそが、最初、シベリアへの特務機関統括の責任者、後に陸相となって極東における日本の武力干渉を主導した一人だったからだ。覚えている人は少ないと思われるが、田中は若い頃の五年間（一八九七—一九〇二）ロシアに勤務し、ノボチェルカースクの連隊で中隊や大隊を指揮した。ましてや、革命以前、彼は両国間の信頼関係を当然視して、ロシアの軍事諜報活動に助力したことなどは、誰一人知らない。(27)

＊ここで筆者は、意識的にいわゆる「田中覚書」に触れない。偽物であることが歴史家によって証明され、解決済みだからである。

衝撃的だったことは、一〇月革命六周年記念日に、山本内閣当時の陸相だった田中がロスタ通信の代表アルセニ・ヴォズネセンスキーとの間でおこなったインタビュー記事である（一九二三年一一月七日付の『東京日日新聞』に転載）。陸軍大将は、ヴォズネセンスキー（ツァーリ時代の元外交官でボリシェヴィキに転向）との間でロシア語を用いて、次のように語った。「両国の緊密化問題を早期に解決したい、と自分は深く念じている」。ソ連側のカウンターパート、陸海軍人民委員のトロツキーの組織力に敬意を表し、インタビューの結語部分は、ヴォズネセンスキーにたいして次のことを強調した。「私がロシアの友であることを、大臣にお伝え下さい」[28]。

モスクワとの交渉を強化するうえで、後藤以上の適任者は見当たらなかった。後藤は老齢と病のために入閣しなかったが、田中首相にたいして進んで積極的に協力することを約束していた。

一九二七年六月二七日、日露協会の集会で後藤に続いて答辞をのべた、ドヴガレフスキー全権代表は「日ソ関係の幸多き発展」について語った。

この短期間〔関係修復の〕にさらに将来に向けて善隣友好が深化し、経済・文化・政治関係の発展のための堅固な基盤が築かれました。われわれは、文化部門で相互交流への関心が増大していることを歓迎し、両国間の相互理解や共感が強まっていることを喜んで見守っています。…同時に、平和的経済協力をおこなおうとする両国共通の意思が、われわれの経済システムの違いから派生する困難を乗り越えて、さらには互いに完全な順応を得て、両国民の福利を拡大させていることは、明らかです。この基盤のうえに立って、成長中であります。…相互理解と尊敬、平和と平和的、建設的な労働への両国民の努力は、われわれに次の希望をあたえます。「両国関係は今後とも友好と信頼により絶え間なく発展するでありましょう」、と[29]。

後藤に加えて、ソ連邦との経済協力を円滑にするうえで田中のもう一人の味方となったのは、久原房之助であった。彼は政治的野心のある鉱業界の実力者で、政友会のスポンサーの一人でもあった。田中は久原を外相として入閣させたかったが、政界、官界、財界からの抵抗に直面した。財界では、「三井」や「三菱」の「旧」財閥が幅をきかしていた（久原は明治時代にできあがったいわゆる「新」財閥を代表していた）。熟慮のうえ、外相就任の話を放棄せざるを得なかったが、田中首相は、一九二七年秋、久原を特派海外調査員としてモスクワとベルリンへと派遣した。両国の経済事情、とくにモスクワの貿易および利権政策を調査するためであった。ドヴガレフスキーは、記した。「久原は日本政府の使命をはたしつつも、私的利益についても忘れることはなく、ソ連邦との間で経済関係を樹立するための準備を進めていた[30]」。

田中首相は、ソヴィエト全権代表に向い、久原をソ連指導部に紹介し、温かく迎えて欲しいと頼んだ。久原は首相の個人的友人で、選挙に当たり政友会に資金援助をしたことでも感謝される立場にあった。久原は、経済問題特別委員の肩書きをあたえられていた。…使節団は、出発前に天皇陛下に拝謁した。これは、最高の栄誉と同時に、使節団の大きな意義を認めたものであった。…使節団員は、首相の親密な関係者で、その旅行日程は日本ばかりか外国の有力紙の注目を引いた[31]。

一〇月二九日付の有力紙『国民新聞』の論評が、とくに注目に値する。それは、久原と後藤の使節団の派遣目的は、モスクワとベルリンとの同盟締結の可能性の打診であるとみなしたからである。日ソ関係はたどたどしくも力強く発展し、独ソ関係が「黄金期」に入っているときに、銘記すべきことは、日独関係が外交的体裁にとらわれていたことである。[32] 一〇月革命一〇周年記念日の当日の一九二七年一一月七日、久原一行はモスクワに到着した。スターリン、ミコヤンをはじめソヴィエト指導部と会見したが、具体的成果はなかった。とはいえ、スターリンと会見をした事実は注目に値する。当時、スターリン書記長は共産主義活動家を除くと、外国人の誰一人とも会おうとはしなかったからである。残念ながら、モスクワの久原会談についてのソヴィエト側の文書を、筆者は今までのところ発見しえていない。

最高レベルの交渉が必要となったことは、明らかであった。ソヴィエトの指導者たちは、当時ほとんど国外へ出ることはなかった。田中も、多くの理由から東京を離れられなかった。久原使節団が「観測気球」の役を果たした。首相が延び延びになっていた新漁業協約の交渉をやり遂げようと決め、イニシアティブを発揮したときに白羽の矢を立てたのは、後藤だった。

一九二六年と一九二七年、後藤は脳出血に見舞われた。言葉が少し不自由になり、筆跡に乱れが見られるようになった。後藤は、自分の限られた肉体の限界をよく知っていた。友人たちも彼に向い、疲れるような長旅をしないように説得した。それでも彼は、ソヴィエト指導者たちとの相互理解の達成を目指す「白鳥の歌」(告別の辞)によって、己の人生を閉じたいと心に決めた。

第七章　死を賭した最後の訪露
――スターリンなどソ連指導者たちとの対話

■モスクワにおける会談

後藤新平は、全力を尽くして必要な情報を入手し、モスクワ訪問の準備を入念におこなった。一九二七年一〇月、田中義一首相は、後藤の訪ソ目的、期間、計画について説明するために、ドヴガレフスキー全権代表と二回にわたって話しあった。一〇月一一日付の『国民新聞』は、後藤が訪ソすれば、その時点で両国の焦眉の急となっている漁業協約の早期締結に資するだろうと報じた。一〇月一五日、外務省が半ば関与する『ジャパン・タイムズ』は、後藤がモスクワに赴けば、他人では数ヵ月かかる仕事も数日で解決できると記した。

後藤は、活発に全権代表部と連絡をとり、ソヴィエトの外交官たちに自分の考えや計画を説明した。自分の考えを前もってモスクワに知らせ、会談に具体的に備えてもらおうと考えたからにほかならなかった。彼は、ドヴガレフスキーとベセドフスキーに直接伝えた。「満州への英米の浸透に対して対抗する日本とソ連の共闘、不可侵条約、通商条約の締結、漁業問題や東支鉄道——これらの諸問題について話し合いたい」。新聞にたいしては、「新生ロシアを自分の目で見て、新経済政策の成果を勉強する」、と同時に（一）中国問題、（二）利権協定、（三）漁業協約という重要度順に並べた三つの問題点について話し合うための旅行である、と説明した。[1] 最後の項目は、田中総理の個人的な強い要請で付け加えられた。

一〇月二〇日、ドヴガレフスキーは、外務人民委員代理カラハンに宛てて次の書簡を送った。

閣下が成果を生まない長老との会談に時間を費やしたくない、と考えておられることに異論はありません。が、やはり会談を断るのは失礼です。日本では何でも起こりえるので、あれやこれやの連合に立った後藤政権が登場するかもしれません。そのうえ、後藤は日本では親ソヴィエトの大立者とみなされています。ですから、失礼な対応をすると、子爵自身ばかりか広汎の社会層に大変好ましくない印象をあたえることになります。まさに「ボリシェヴィキ的下品」といったあらぬ噂が、広まる恐れがあります。[2]

大使は、明らかに後藤を過小評価していた。後藤は「成果を生まない会談」に終わることのないように十分の旅支度をしていた。モスクワは、違った見方をしていた。一一月一一日の外務人民委員部参与会の決議は、次のとおりであった。「政治的判断にもとづき、外務人民委員部の責任で、後藤をモスクワで…歓待する必要を認める」[3]。カラハンは、クレムリンの「陰の実力者」とみなされていたソ連邦中央執行委員会書記のアベル・エヌキッゼ宛ての書簡のなかでとくに説明を加えた。

後藤は日本では高名な日露緊密化の支持者で、長年親交に尽くしてきた。快く迎える必要がある。ともあれ、久原〔房之助〕にたいする接待以下のものとしてはならない。…後藤の訪ソは公式上は私人としてのものであるが、その結果はもちろん政治的性格を帯びる[4]。

一二月五日、後藤は東京を出発した。随員は、以下のとおりだった。日露協会理事の田中清次郎（前満鉄理事）。日露協会主事の関根斉一（使節団の「経理」と「報道」担当）。東京市助役の前田多門（前ILO日本代表）。東京外国語学校〔現・東京外国語大学〕教授で著名なロシア語学者八杉貞利。すでにおなじみの秘書の森孝三。子爵の掛かりつけ医師の引地興五郎（漢方医療の専門家）。雑役の佐藤信[5]。出発前に後藤は、久原と同様、天皇に拝謁した。満鉄と東支鉄道の順調な旅をしてチタに着き、ヴェルフネ・ウジンスク（現在のウラン・ウデ）に向かい、そこでソ連邦から帰国途上の久原に会い、短時間ながら話し合いをおこなった。

ハルビンのソヴィエト総領事は、ザバイカルあたりで「日露関係を妨害する目的」での訪問者謀殺がありうる、とモスクワにあらかじめ極秘で報告していた。同様の警告は、かっての一九一二年の桂と後藤の訪露時にもあった。当時は朝鮮人による危険と思われたが、今回は「白衛派分子」であった。情報提供者によって、それはセミョーノフ配下のコサック陸軍少将イワン・シリニコフであるとされた。外務人民委員部は、合同国家保安部にたいし、客人たちの警護に必要な措置を講ずるよう要請した。(6) 秘密警察は、真剣に対処した。子爵の随行者の一人が財布を盗まれ、数時間後に戻ったという事件があっただけで、その他は何事もなく進行した。

最初の後藤歓迎会は、チタで開かれた。ザバイカル鉄道長官アルチョーモフが祝辞をのべた。ヴェルフネ・ウジンスクでは、外務人民委員部職員コスチュコフスキーが使節団を出迎えた。彼は使節団の「守護天使」の役割をにない、詳しい旅行日誌を作成した。イルクーツク、クラスノヤルスク、ノボシビリスクで、一行は歓迎された。オムスクやスベルドロフスクでは、夜間の停車時間中に後藤の随員たちが地方当局の代表者やジャーナリストたちと面会した。「子爵は、久原に比べより一層歓迎に感激した」と、コスチュコフスキーは書きとめた。

後藤はシベリア横断鉄道を使って、一九二七年一二月二二日、モスクワに到着した。ヤロスラヴリ駅で彼を出迎えたのはカラハンと田中都吉大使だった。訪ソは非公式なものだったが、田中義一総理と吉田茂外務次官は、ソヴィエト代表部にたいし後藤の爵位、功績、社会的地位に見合ったしかるべき受けいれ方を依頼していた。モスクワではこれを真剣に受けとめ、日本大使館も入念に客人の受けいれに当った。

代表団は、あらかじめ決められていたとおり外務人民委員部負担で、「サヴォイ」ホテルをあてがわれた。大変快適ではあったが、隣の部屋では合同国家保安部から派遣された二人の要員が警護していた。後藤は手厚い待遇に感謝したが、日本で妙な噂が立たないように経費の一部の負担を申し出た（おそらく大使館の忠告にもとづく）。ソヴィエト滞在中の支払い明細書からみて、特徴的なのは次の点であった。「代表団員はつつましく、お金を節約して使っている。資金が限られているのか、ともかく金銭を浪費した久原の場合とは違う」。

一二月二三日、後藤は、チチェーリンとカラハンにたいし最初の表敬訪問をおこなった。翌日、人民委員は規則どおり「答礼」訪問を希望した。しかし子爵は陳謝したうえで、チチェーリンとの会見を断り、外務人民委員部儀典課を困惑させた。後藤は訪問の重要性を説明し、カラハンとの実務的会談に備えた準備が必要であるからと説明した。じっさい、会談は真剣なものであった。それについては、のちに詳述する。

一二月二四日夜、チチェーリンは後藤のために公式の正餐会を開いた。集まった客は、予定よりずっと少なかった。色々な理由で、次の人々が欠席した。保健人民委員ニコライ・セマシコ（最初医療を専攻した後藤子爵の同業者）。教育人民委員アナトリー・ルナチャルスキー。外国貿易・国内商業人民委員アナスタス・ミコヤン。最高国民経済会議議長ヴァレリアン・クイブイシェフ。一方、出席したのは次の人々であった。外務人民委員部のチチェーリン。カラハン。参与会のメンバーのボリス・ストモニャコフ。極東部長のボリス・メリニコフ。ドヴガレフスキー全権代表と交代して東京へ出発準備中だったアレクサンドル・トロヤノフスキー。その他に、ソ連軍諜報機関の創設者で前外務人民委員部参与会メンバー、現在国民経済会議勤務のセミョン・アラロフ。全ソ対外文化連絡協会会長のオリガ・カーメネヴァ（レフ・カーメネフの妻でレフ・トロツキーの妹）。前イタリア全権代表のプラトン・ケルジェンツェフ。ザカフカス連邦人民委員会議長のシャルヴァ・エリアヴァ。

後藤は、文字通りすべてのことに興味をもった。スターリンをはじめ、人民委員会議議長アレクセイ・ルイコフ、「党の寵児」で主要理論家のニコライ・ブハーリンなどのソヴィエト最高指導者たちとの会見を依頼した。しばし見学にもいそしんだ。その日程は、次のようなものだった。労働中央大学、革命博物館、トレチャコフ絵画館、美術博物館、レーニン廟、レーニン研究所、シャトゥルスカヤ発電所、「ディナモ」やモスクワ自動車工場、「赤い勇者」などの諸工場、トゥリョフゴルナヤ織維工場や「赤いバラ」工場、裁判所、矯正労働施設、学校、図書館、図書局、「犯罪者や売春婦のための労働診療所」を含む病院、劇場（オペラとバレエがもっとも関心を呼んだ）、競技場や競馬場。子爵がとくに気に入ったのは、三頭立ての馬橇に乗ることだった。以前来たときのことを思い出したにちがいなかった。

後藤と随員のための文化日程を組んだ一人は、教育人民委員部職員ボリス・シテイゲルだった。外国の客に劇場切符を手配したり、劇場やコンサートに同伴したりすることも彼の仕事で、控えめな仕事であった。モスクワのボヘミアン的社会において、彼は少なからぬ知名度を有していた。第一に、彼自身は「秘密にしていた」が、彼は正真正銘の男爵であった。そして、そのことを秘密にしながらも、外国の訪問者の心を掴むためにそれとなく誠実に匂わせていた。第二に、彼は合同国家政治保安部職員でとくに貴重な情報提供者とみなされていた。まさに彼は、ミハイル・ブルガーコフの長編小説『巨匠とマルガリータ』のなかの「マイケル男爵」のモデルにほかならなかった。そのシテイゲルは、一九三七年一二月一六日、非公開裁判で「祖国に対する裏切り、テロ活動、特定の外国を利する系統的スパイ行為をおこなった罪」を宣告され、その日のうちに銃殺された。彼と一緒にエヌキッゼとカラハンが有罪判決を受けて、処刑された事実は注目に値する。

もう一つの出会いに触れる。共産党員作家宮本百合子（物語の時点ではまだ宮本でも共産主義者でもなかった）の自伝的小説『道標』（一九四八年）のなかで、一九二七／二八年の冬、モスクワに滞在した主人公が当時を回想して、年配の男爵「藤堂駿平」との出会いについて描いている。彼は、両国関係改善のため、非公式使節団を率い、ボリシェヴィキの首都にやってきて「サヴォイ」ホテルに投宿していた。彼こそが、宮本の父で建築家として有名な中條精一郎の友人、後藤新平にほかならなかった。*

＊東京のロシア書店「ナウカ」の店長、宮本立江が、この小説のことを親切に教えてくれた。

一二月二六日、後藤はノボデヴィッチ墓地にあるヨッフェの墓を訪れ、「尊敬するアドルフ・ヨッフェへ後藤子爵から」と書き添えた花輪を捧げた。彼のお伴をしたコスチュコフスキーは、記した。客人は「相当な厳寒にもかかわらず、コートと帽子をとって、数分間祈りを捧げた」（外務人民委員部儀典局の日誌は、より一層公式的なものとはいえ詳しいとはいえず、この事実もまた記述されていない)(7)。ヨッフェが自殺して四〇日目のことだった。自殺はソ連国内ばかりでなく、外国でも色々な噂をよんでいた。ヨッフェは重病で、オーストリアへの治療のための出国許可を願い出たが、彼がトロツキストの反対派に属する活発な活動家であることを理由に、政治局はこれを認めなかった。「祖国を捨て、帰国しない」ことを危惧したものであろう。自殺の主な動機は、トロツキーとその支持者たちを党から除名したことにたいする抗議であった。ヨッフェは、スターリンとその側近たちが個人権力強化のためにボリシェヴィズムと革命の思想を「裏切っている」と考えた。トロツキスト作家のヴィクトル・セルジュの『一革命家の回想』の意味深長な表現によれば、ヨッフェの葬儀は寡黙とはいえ、感情豊かな反対派のデモンストレーションであった。友人の真新しい墓前でのトロツキーによる言葉は、「革命の化身」によるソ連における公開の場での最後の発言となった。

ヨッフェの墓参をすることに、後藤は政治的意味を込めようとは考えなかった。そのようなことをすれば、のちに政治的に取沙汰され、ソヴィエト指導部との交渉をむずかしくするだけだった。このことを、後藤子爵は十分理解していたにちがいなかった。しかし、その一方、敬虔な日本人として墓参をすること、すなわち尊敬する者の墓地にお参りをすることは当然至極のことだった。出発前に日本の新聞のインタビューのなかで、彼はヨッフェの思い出を好意溢れる言葉で語った。

後藤の非公式訪問は、首脳級だったといっても過言ではない。名目上の国家元首であるソ連邦中央執行委員会議長ミハイル・カリーニンを含めて、彼はすべてのソヴィエトの指導者たちと会見した。もちろん、カリーニンとの四〇分の大晦日の会見はまったく儀礼的なものであったが、仮にそうであっても、客人としてのステータスを決定する重要な会見であった（カリーニンは久原とも会見した）。外務人民委員部は、後藤が極東移民問題あるいは漁業協約に触れる場合に備えて、「全ロシアの長老」用に共通の回答のメモを準備していた。[8] しかし、客人はその話はしなかった。カリーニンは一九二二年のシベリア旅行の思い出を語り、すべてが大幅に変わり、そのことに驚嘆したと語った。後藤も、同意見であった。このような場合における儀礼的な表現で、関係のさらなる発展と相互理解の増進についての不可欠な挨拶が交わされた。「そして、全員の写真撮影がなされた」と、報告書は結んでいる（本書カバー参照）。

後藤は、一二月二九日と出発前の一九二八年一月二一日にチチェーリンと、また一二月二四日、二九日、一月九日、一一日、一六日、一八日、一九日にカラハンとそれぞれ会見した。一月三日には外務人民委員第一代理のマクシム・リトヴィーノフ（彼は、第三国で、日本人外交官がソヴィエト人外交官にたいし非友好的態度をとっていると機会を逃さず訴えていた）、一二月二八日には中央利権委員会議長ウラジーミル・クサンドロフ、一二月三一日にはカリーニン、一月七日、一四日にはスターリン、一月七日にはミコヤン、一月一三日にはルイコフと、話し合う機会をもった。随員の森や八杉は、チチェーリン、カラハン、ロスタ通信（後にタス通信）の責任者ヤコフ・ドレツキーといった人たちと話しあうことができた。

会談記録によれば、政治的な重みをもたないカリーニンを除くと、後藤の対談テーマは、上述の三問題、すなわち中国、利権、漁業協約についてであった。しかし、ここでは少し違った順序、すなわちまず経済問題から話をはじめ、そのうえでより重要な政治問題へと話を移すことにしたい。

■漁業協約問題

利権協定問題については、前章で検討した。後藤の望む結果は得られなかった。漁業協約交渉は田中大使が一九二五年夏に赴任した時からおこなわれ、ほとんど終了しかかっていたが、最終段階でつまずいていた。ここで、後藤が交渉に加わり、主にこの問題をめぐってチチェーリンやカラハンとの間で一月会談が再開された。

自国の要求は理にかない、合法的なものである。双方が、こう主張した。他方、相手側の要求は過大で、非合法だと主張した。[9] 細部にわたらず、一点についての検討だけに時間が割かれた。日本側は、水産業者がすでに開発した漁区すべてについて、その権利を認める正式保証を要求した。ソヴィエト政府は、同意しなかった。これはソヴィエト領海内の話であり、条件を押しつけられる立場にはないと主張した。一月一四日、政治局はチチェーリンとカラハンに〔付属議定書にかんする〕最終回答を用意した。「ソ連政府は、…上記協定にしたがい、日本国民の合理的かつ合法的利益が損なわれないよう考慮する用意がある」と記されていた。[10] 一月一六日、これがソヴィエト側の譲歩の限界であるとの説明付きの回答最終案が、後藤に手交された。後藤は、大使より穏やかな表現で、日本はこのような回答では受け入れ難いと答えた。彼は、交渉の継続を要求した。

一月一九日、カラハンは田中と後藤に向い、政治局の文面からいささかも後退できないとの決意を強調した。[11] 翌日、チチェーリンと田中大使との劇的な会談がおこなわれた。人民委員は、次のように確認した。「政府はこの回答が最終案であり、再検討はあり得ないとの決定をしている。この決定は私にとって絶対であり、最終的である」。田中は局面の重要性を指摘し、日本とソ連のグローバルな相互関係の命運はまさに漁業協約の具体的な内容いかんにかかっていると強調した。「今こそ、われわれ［つまり、ソ連。チチェーリンのメモ］の緊密化が試されるときが来ているのだ。しかし、もしこの絶好機を逃せば、再び逆風が強まる。…好機を逃すか、逃さないかの問題だ。時には第二義的と思われる問題でも決定的役割を果たすときがある」と。

問題解決の一番の切り札は後藤の来訪であると考えていた大使は、興奮気味に多くのことを語った。

訪ソは一つの好機です。これを逃すと、否定的結果に繋がる恐れが強まります。日本は岐路に立っているのです。後藤の訪ソは日本とわれわれを友好への道に導くために絶大な意味があります。友好関係発展のために後藤の来訪は決定的意味をもっています。明日彼は帰国の途につきます。彼は精力的にわれわれとの協約締結に努力してくれました。彼は誠心誠意この問題に心を砕きました。彼に任された交渉が決裂すれば、使節団全員に打撃をあたえ、訪問は失敗であったとの評価になるからです。彼は日本で著名で、日本中が彼の訪ソの結果を注視しています。これは、両国にとっての重要局面です。日本中が彼を注視しています。彼に託された仕事が交渉決裂で終わることとなれば、日本に決定的意味をもつはずの後藤使節団が失敗したとの印象をあたえ、日本が後戻りをするきっかけともなりかねません。もしわれわれが後藤と友好的に信頼関係をもって意見交換をおこなおうと実務的諸問題で決裂が生じれば、その決裂から日本の世論は結論を導きだすでしょう。…後藤自身も友好的努力が報いられなかったことを深く悲しみ、このうえなく失望するでしょう。(12)

田中大使とチチェーリンの会談は、互いの言い分を聞く耳をもたない頑固者の会話を思いおこさせた。しかし初めに、大使は、相手が歩み寄れば日本側は最後の妥協に応じる用意があるとほのめかしていた。これは手ぶらでモスクワを離れたくはないと考える後藤の個人的なイニシアティブと考えられた。一九四一年四月、日ソ中立条約締結時に、日本の北サハリン利権の放棄にかんして、スターリンと最後の段階で結局合意した松岡洋右と同じやり方であった。チチェーリンは相変わらず梃子でも動かなかった。そして、協約案はすでに一〇月一〇日にカラハンと田中とで仮調印されていることを繰り返した。日本側はその後の追加条項を受け入れさせようとしていた。

一月二一日の出発日に、後藤は人民委員に別れの挨拶に赴いた。(13)その日の夜に、田中大使は、緊急に日本政府と電話連絡をとって、正式にソヴィエト案受け入れを外務人民委員部に伝えた。この決定が後藤の出発と関係していたことは明らかであった[14]。カラハンは、東京の国会の解散も関係があるとみていた。すなわち、首相は、二月二〇日の来る選挙への切り札として日ソ漁業協約調印というニュースが欲しかった。ついに、一月二三日、カラハンと田中の間で調印がなされた。後藤はすでに日本へと出発した後であった。目的が達成されたことを帰国途中に知り、満足して祖国へと向かった。最後の最後になって、彼は首相にたいして全体の成功のために部分的な譲歩に同意するよう説得しえたのであった。

一月二四日、カラハンは、「帰国途上の」後藤に打電した。「昨日閣下の力添えで漁業協約が調印されました。閣下に心からの感謝とご多幸を祈ります」。後藤は返信した。「閣下が両国のために全面的かつ絶大な協力を惜しまれなかったことに心から感謝します[15]」。

■中国問題──「満川亀太郎メモ」

次に、モスクワ会談で話し合われた「中国問題」を検討する。他の二つの問題と違って、これは政治的、地政学的問題である。おそらく三つの問題のなかで最重要と思われる。後藤とスターリンの会談は、まさにこの問題をめぐって時間が費やされた。

後藤は、中国北部におけるモスクワの扇動、支持による共産党の教宣運動の激化に不安を覚え、一九二六年末、ドヴガレフスキー全権代表に次のように伝えた。「東北中国問題にかんし日露協商を結ぶことは、中国の『安定化』を早めることにつながりましょう。その後に中国も協商に加わればよいのです」。後藤によれば、この三国協商は、太平洋水域の新しい力関係とこの地域の富の再分配を導くという。彼への回答は、次のとおりであった。「ソ連邦はそれらの国の承諾なくして第三国と協商を締結することはない。三国協商に反対するものではない[16]」。

一九二七年一月一九日、後藤は、若いが、すでに中国の専門家と認められていた拓殖大学の満川亀太郎教授（後藤は当時学長であった）を呼んだ。後藤は自分が考える状況を詳しく説明し、中国問題解決のために、日露協力の骨子を作成するよう彼に依頼した。それは、政財界の有力者との勉強会の席上で配布するつもりのものだった。満川はすぐに仕事に取り掛かり、翌日には満足する文案を後藤に提出した。後藤の死後、満川は当該骨子を公表したが、その取り扱いにかんしてはすこぶる無頓着だった。一九九〇年になって、歴史家吉村道男が後藤新平記念館に保存中の直筆にもとづき、詳しい解説をつけてこれを再発表した[17]。

この骨子案は、後藤の今回のモスクワ訪問時においても、十分利用された。後藤とカラハンの第一回会談の後、森は、ドイツ語で書かれた子爵のメモをすぐにロシア語に訳し、カラハンに手渡した。訪ソ目的を記した冒頭部と差し迫った太平洋会議についての最終の一節を除いて、このメモの主な内容は満川の骨子案と一致していた。

以下は、ロシアの公文書館に保存されていたメモ訳文である（但し、二種類ある）。

このような難しい時代に、*老齢と重病の後であるにもかかわらず、私が訪ソした理由は、新ソヴィエト国の指導者と個人的に話しあって、現地で新しい文物や新しい関係を学びたいという長年の願いを幾分なりともかなえたかったからであります。そしてもう一つの願いは、日露の相互理解**によって中国問題についての解決策を見つけだすことであります。その想いが、私にこの旅行の第一歩を踏みださせたのです。

*もう一つの訳案は「このような厳冬の時期に」。
**別の言葉で「協約、協定、合意」。

次のことは、とくに強調するまでもないことかと思います。すなわち、中国の政情不安定と混乱は全世界にとっての大きな悪と危険の坩堝《るつぼ》となっている。もし全世界の対立が太平洋地域に集中し、混乱が増長し、危機一髪といった事態となれば、東アジアが、世界情勢における新しいバルカンにもなりうるという恐ろしい危険を内包していることです。

内部対立を解決するのは、中国人自身の問題であることはいうまでもありません。秩序と安全を外国の力を借りずに中国自身の力で回復するのが、理想です。しかし、現在の混乱は隣国に深刻な損害をあたえているのですから、早急に安定と秩序回復の方策を見出す必要がありま す。これこそが、われら両国の緊急課題でありましょう。日本が中国の争乱の影響を一番大きく受けるでしょうが、それは日本一国にとどまらず、東アジアの大きな破壊要因となり、世界へも波及することとなるでしょう。

中国の実情や現実の関係をよく知ったうえで、的確に判断することは簡単ではありません。中国の政治、民族問題は、ヨーロッパ人の考えや規模で計り知ることは難しいからです。たとえば、中国の共産主義運動はいとも簡単に目的を達成できるように見えるかもしれません。しかし、中国の古い独自の文化と深く対立することになり、結局、その実現は大変難しいと思われるのです。

現在の［中国の］統治者たちがどう動くかを考えてみるだけでも、大きな危険が伴うと思われます。影響力のある地位を占める現在の政治家たちはお互いに密接に関係しあっていますので、長期にわたり支配的地位を維持できるような傑物は一人もいないといってよいでしょう。誰かを擁護しても、国の安定は不可能であろうと思います。たとえば、張作霖は日本に対峙する米英勢力の傀儡に過ぎず、時に日本を、時にソ連に対抗する英米国家を利用しながら、自分の地位を維持しています。ある程度の確信をもっていえるかと思うのですが、張作霖の時代は長く続かず、遠からず政権を失うでありましょう。そのうえ、彼に代わりうる実力ある後継者の［予想される］出現も大変疑わしく思われるのです。

このような不安定な政権下で、揚子江沿岸に秩序を回復するには百年待たざるを得ないでしょう。少なくとも、近い将来中国が独力で秩序と安定を回復する見込みは立ちません。これはまさに日本にとっても、またソ連にとっても大いに辛抱しがたい状況といえましょう。上述したように中国に外国が内政干渉するのは避けるべきであります。しかし現状を直視し、共通の目的の実現を逃さないことが肝心です。それには、中国政策に関し、ソヴィエトと日本の間で腹を割った話しあいを行い、相互合意に至ることが焦眉の急であります。現状の国際連盟は中国問題を解決できません。中国問題は国際的な話しあいでのみで解決できないことは明らかです。中国問題は日露間の了解のもとでのみ解決できるという理解に立てば、百年待って解決を求める必要はないのです。*

*別訳では、「一〇〇年後に後悔すべきでない（失ったことを悔やむ）」の意。

もちろん、両国協商の宣言の噂が広がれば、成就妨害の動きが出るでしょう。それゆえ、中国問題解決に必要な前提条件として、両国内における真の相互理解が必要なのです。

ソ連邦はヨーロッパとアジアにまたがる大国であり、その外交政策は多面的で複雑です。ソ連のヨーロッパ政策はわれわれにとっては、まったく間接的なものであります。反対に、その中国政策はわれわれの利害関係に直接かつ深刻に影響を及ぼします。東アジア、したがって、世界中の平和を保障するために、中国政策の側面における両国の絶対的な相互理解と同一の行動様式が不可欠なのです。このため、両国にとって共通する重大事ということになれば、現有する特権も犠牲にしなければなりません。もちろん、今日明日中に解決できない［諸問題の］多面性、かつ多様性を考慮して、細目にわたって話しあうことを今後の両当事者の会談に委ねる必要があります。まず、中国問題は双方の利害に抵触する問題として検討されなければならず、そのうえで、双方の協力によって解決されるという両国共同声明を出すことが不可欠でありましょう。
その際、ソヴィエト政府に次のこと、すなわち来年の日本における目前に迫った太平洋会議への関心を促したいのです。太平洋会議は今まで宣教師と太平洋地域に利害関係をもつ諸国の民間有識者の会議でありました。これまでは、ハワイに集まり、学術的精神的問題を議論するためのものでしたが、その活動範囲も少しずつ現実の問題へと広がりをみせています。将来は政治的問題も審議されると期待されます。太平洋会議はまったく私的な性格でしたが、様々な国から著名人が参加するようになったこともてつだって、その決定は関係諸国の世論にいちじるしい影響を与えるようになりました。ソヴィエトがこれまで会議に参加しなかったことは残念です。ソ連邦が次の会議に参加し、他の国々と議論をすることが望ましいと思うのです。しかし、もし代表団を送るのが望ましくないとソヴィエト政府が考えるのであれば、日本、ソ連、そして中国が主催者になる新たな特別の東アジア会議の招集という可能性もあるでしょう。(18)

後藤は、中国の順調な経済開発と地域発展のために、政治の安定を保障するために、日本とソ連の間でまさに基本的なところでの二国間の協力が重要だと強調した。将来中国人自身が自分たちの問題を解決できるようになることを、後藤は考えに入れなかった。一九〇八年に、後藤の政治上の先輩、桂太郎は書いていた。「中国は、東洋全体の危険の源泉である。われわれの安全は中国の情勢次第である」(19)。後藤の死後三〇年経って、外交官須磨弥吉郎も同じことをのべた。「中国は、自国の秩序を回復できない。このことが他国と問題を起こす源である[20]」。

周知のとおり、一九一一年の辛亥革命の後、中国は一つの中央集権国家として存在しなくなった。後藤の提案が主として言及する満州で、「老元帥」張作霖が独立して北京政府の権力を掌握し、全民族的国家として多数の外国列強に認められていた。彼のほかに、武漢には汪精衛に率いられた「左派」国民党政府があった。「右派」国民党政府は、南京の蒋介石に率いられ、一九二七年四月一六日、中国の「国民政府」であると宣言した。省の行政区は「将軍」と称する地元の為政者の管理下にあり、ある時期まではもっとも強力に、逆にもっとも寛容に、「中央」体制に帰順していた。中国の地図に「ソヴィエト区」も現れはじめた。一九二八年一月六日にカラハンに手交された後藤の新たな覚書のなかで、まさにこのことが端的にのべられていた。「中国の目下の状況では、無秩序で、中央政府がなく、したがって責任ある交渉相手を見つけることはむずかしい[21]」。

日露戦争当時、張作霖はロシア側のスパイ容疑で射殺されかかったところを、後に日本の首相になる田中義一によって助けられたという過去があった。その後日本の影響下にあった彼は、同時にボリシェヴィキとの暫定協定を締結しようと努めた。しかし二〇年代半ば、東京から離反し、ワシントンやロンドンへと方向を転換した。蒋介石はアメリカ合衆国から援助を得たが、日本と妥協することに決めた。一九二七年春、彼の密使が東京で田中と会談し、もし蒋介石が共産主義との戦いに全力を挙げ、掌握した領土に秩序をもたすのであれば、田中は南京体制に「好感」と「精神的支援」をあたえることに同意した。武漢「政府」との闘いに日本は反対しなかったが、満州での自己の「特殊権益」を守ることには強く執心した。

一九二七年一〇月、後藤のモスクワ訪問の少し前に、蒋介石自らが田中義一を訪問した。国民党党首は中国における日本の利益と目的について首相の説明を注意深く聞き、自身の考えと一致しないという結論に達した。だが、日本側は期待した。

日本は、蒋介石の来訪を歓迎した。…彼を中国の「強い人」と呼びはじめていた。日本は中国政府主席としてはそのような強い人物の登場を望んでいた。日本人は、蒋が一時中国を裏切ったことがあるという過去を気にかけることなく、次第に彼が中国の大部分を代表するまでに強力となり、中国の名で彼が締結した協定の履行を保障してくれることを希望した。[22]

覚書に記された後藤の計画は、まさに紛争を回避するためのものだった。同様の考え方に、子爵は一九二七年六月一五日に首相に手交した別の覚書で言及していた。[23] 事の成り行きからみて、首相が全面的にそれらを採用するのは、自然な流れであった。しかし、当地における日本軍の増員と武力行使はますます正当化されるようになっていた。後藤がモスクワでのべた考えや計画にたいして、田中義一が前もって同意していたことには疑いはなかった。

後藤は「中国問題」でソヴィエト・ロシアと協調することに賛成だったが、中国の「ソヴィエト化」には断固として反対だった。歴史家、入江昭の意見は、次のとおりである。

後藤にとって、日本の参加なくして、ロシアと中国が緊密化するといった事態ほどショックなことはないであろう。ソヴィエト連邦との堅固な相互理解こそが中国における日本の権益のもっとも好ましい擁護策であり、アジアにおけるアメリカの影響力を抑えるもっとも強力な楯になりうると考えていた[24]。

モスクワで後藤は、率直に語った。「日ソ緊密化の知らせは、張作霖の野望を挫き、彼を従順にさせるだろう」。だが、即座に補足した。彼の「中国問題への提案は、中国における共産主義運動の問題に踏みこんだものとはなっていない」と。

しかし、チチェーリンの結論は、まったく反対であった。後藤の旅行が「中国のコミンテルンの方針に反対するものであった」とスターリンに宛てて、一二月二六日に書いた。有力なドイツのジャーナリストのパウル・シェファーの言葉を引用して、人民委員はさらに次のようにのべた。「共産主義活動がドイツで〔正しくは「中国で」〕活発化するのと比例して、変化がはじまり、ブルジョア社会の反ソ機運がますます高まりはじめるのだ[25]」。

一二月二九日、後藤はチチェーリンに向って「独自の日本外交を築くという日本政府の目的は今かなえられた」と語り、「私的で、同時に完全には私的ではない」関係（一九二三年の川上―ヨッフェ会談の時のように）について提案した。チチェーリンは自信満々に答えた。「われわれは両者間の全ての問題、ちなみに中国問題についても、政府間協定が最高に望ましく、必要であると思っている。…われわれの基本的立場は日本との長期かつ友好的な協商関係である」。だが、直ぐに付け加えた。「会談は公式で具体的提案にもとづかなければならない」、と。[26]

人民委員と後藤の会談に先立って政治局会議が開かれ、「機関」決定がなされた。

後藤との会見に際し、チチェーリン同志に次の事項につき委任する。

（一）我々にとり、じっさい、中国問題は共通の利害関係にある。それは、互恵原則のもとで、解決されるべきことである。ただし、後藤男爵［正しくは子爵］のメモがこのことについて正しく書いているように、中国側が損害をこうむってはならないことはもちろんである。

（二）中国や中国人民の間におけるソ連の威信は、尋常でないことすら要求できるまでに十分に大きい。中国共産党員についていえば、共産主義の宣伝は、われわれが見るところ、特別なものではない。それは日本にも存在するし、世界の至るところにも存在する類のものだ。日本人のなかにどうして警戒や不安を抱く人々が多いのか、不思議なくらいである。共産主義宣伝は、民族運動にとって避けて通れない道なのである。中国で民族運動がはじまったからには、共産主義運動もかならずおこるだろう。共産主義宣伝の視点からみて、中国問題へのわれわれの関係は、完全な中立保持である。中国におけるわれわれの機関の職員の一体誰が共産主義宣伝に何時どのように関係しても、われわれはそれを決して許さない。共産主義宣伝で摘発されたり、疑惑をもたれた職員は直ちに役所を去らねばならない。後藤に、こう伝えて欲しい。「中国の共産主義宣伝にかんして、まったく滑稽なくらい大げさな警戒心を止めにする対策が、必要なのではないか[27]」。

もちろん、すべては客人に正確に伝えられた。チチェーリンが「政府とコミンテルンは全く違う機関で、それらの仕事はまったく別物だ」とのべたとき、彼が、信じていなかったのは明らかである。しかし、そうした素振りを一切みせなかった。一九三五年にリトヴィーノフから似たような話を聞いたとき、アメリカのジャーナリスト、ヒュー・ベイリーはのべた。「不信を隠すしかほかに道はなかった。ロシアでいちばん礼儀にかなっていないのは、嘘をついてますねと対談者にほのめかすことだ[28]」。

コミンテルンがソヴィエト政府と関係なく、まして従属関係にもないことが、モスクワで正式に確認されたことは、ソ連にとってばかりか日本にとっても都合が良かった。一九三〇年代の後半にソ連はスペインの共和主義者や中国の共産主義者たちにたいして軍事援助はしないが、その義勇兵や〔連帯する〕社会団体を禁止することはできないとの声明を出した。東京でも、この説明が援用された。この日本の政策は、自国領内にそのような国際機関を「かくまおうとする」主権的国家に向けられるものではなく、当該国際機関に直接向けられるものであり、まさに一九三六年の日独防共協定が、そのような日本の政策の典型であった。

すでにのべたように、一月九日、後藤はカラハンに中国問題にかんするもう一通の覚書を届け、今度はさらに断固としてのべた。「事態の解決のために、中国の参加は中央政権がないので不可能だ。モスクワと東京が協力して至急問題解決をするほかに打開策はない」。その結びの部分で、彼は自分ひとりでも実行するつもりであると書いた。

（一）もし私の考え〔中国におけるソ連と日本の政策の打ち合わせの必要性〕がソ連側に受けいれられるのであれば、内閣の交代に関係なく上述の外交政策の指導原則を強化するために最善を尽くすでありましょう。とくに与党も野党もすべての政党指導者との個人的友好関係を利用して、上述の指導原理が内閣交代にかかわらず、党論争を超越した安定した国家的基本政策として策定されるよう努力をするものであります。

（二）私は、現政府とこの問題をはじめから話しあうことになります。われわれの政府が具体的方策について公式会談を始めるまでの間、貴国の指導者と私の間で私的に討論することを望むというのが私の提案であります。その場合、「責任なき責任」〔つまり「公的には非公式の」〕という、公的でありながら条件の課されない話しあいの場を設ける可否の検討を願うものであります。提案は日本政府が公式に継承した時点で、公式性を付与すればよいと考えます。

■後藤―スターリン交渉

後藤は個人交渉を何よりも尊重していたので、スターリンと直接「中国問題」を話しあうことを決意した。書記長は当時外国の共産主義者以外の人たちとあまり会わなかった。通訳だけ同席して久原房之助と差し向かいで会談をしたのが目立った例外だったが、今度は後藤と会見した。

ロシアの歴史家で、スターリン時代の権力構造および政策決定にかんする有意義な著作のあるゲンナジー・ボルジュゴフは次のように記した。

日本の客人との会談は、後藤にとってばかりでなく、書記長のためにも大きな意義をもった。会談の国内的文脈を忘れてはならない。一九二七年一二月―一九二八年一月という時期を考えてみる必要がある。その前に第一五回全ソ連邦共産党大会が開かれ、少数派の活動家たちが党から除名され、その後に解任、追放された。この時期は、もっとも過酷な穀物調達の時代であった。スターリン政権は不安定で、非常措置をとらなければならず、ついにネップ（新経済政策）が崩れて、ロシアでも外国でもソヴィエト権力は余命いくばくもない、多くの人々がこう考えるようになっていた。そこに突然、権力と権威を示せる絶好の機会が現れた。日本の名士と会い、しかるべく新聞に発表できるという好機に恵まれた。スターリンは、少数派や反対者たちに自分の重要性をしめすためこの機会を利用したのだ(29)。

八杉貞利が作成した後藤とスターリン会談の詳細な日本語メモは、その内容をよく伝えている。ロシア語で記述された指導者の反駁も含まれている。ソヴィエト側の会談記録は、現在のところ発見されていない。じっさい会談があったのかどうかとの疑いさえある。ともかくスターリンの記録部分は、封印されたままロシア国立社会政治史文書館に引き渡されたはずであるにもかかわらず、該当文書はみつかっていない(30)。一九二八年一月七日付の日誌は、書記長が面会した人物として、後藤、八杉とコスチュコフスキーを記録している。一月一四日付の覚書(31)は、後藤だけとなっている。もっとも、このときも八杉とコスチュコフスキーは通訳として同伴したはずであるが。コスチュコフスキーの業務日誌に会談内容は書かれていない。ソヴィエト側から誰が出席したのかについての情報はないのである。

最初の会談は、まったく率直な打ち明けた意見交換で始まったと思われる。後藤はのべた。「中国は混乱しており、このまま放置すれば両国にとってきわめて危険である」。スターリンは答えた。「中国問題の解決を困難にしている三つの原因がある。第一は、現在の中国に統一政権がないこと。第二は、外国列強が中国の政情や地域の特性も知らず、理解もせずに内政干渉をおこなっていること。第三は、外国からの絶え間ない圧迫欺瞞に慣れて、中国では外国の政策に猜疑心をつのらせ、孤立主義が蔓延していること」。

後藤はスターリンに同意し、ソ連、日本、可能ならば中国が三国協商を形成して東洋の平和の維持に努めるべきであるとの持論に言及した。スターリンは聞き返した。「ロシアは日本と相談しなければ、中国では何もしてはならないのか。それが日本の希望なのか」。後藤は、急いで「そうではない」と否定した。ただ両国の足並みをそろえた行動が平和の維持と安定の保障になるであろうと確信する、とのべた。スターリンは、中国問題での両国の協商の考えには基本的に反対せずに、協商が成功するには何が必要と思うかと、後藤に訊いた。

後藤は答えた。「日本の外交は今まで著しく米英におもねる姿勢をとってきたが、独立した外交政策をもつ必要に迫られている。ロシアと中国と握手することが、そのような独立外交の端緒となると思われる」と。そして、後藤は再びコミンテルンの活動から生じるかもしれない中国の「赤化」の話をはじめた。その際、第三インターナショナルとソヴィエト政府との間の違いを自分は理解しているがと丁重に断ったうえで、自分自身はコミンテルンを恐れていないものの、日本人の多くは恐れているとつけくわえた。

スターリンはのべた。「中国の争乱の主因は、抑圧者にたいする被抑圧階級の烈しい闘争である。このような情勢下では、共産主義思想が流布することは不可避であろう。不安定が存在するところに、コミンテルンは成立する。そしてすでに成立して九年間が過ぎた」。スターリンは、ソヴィエト政府とコミンテルンの関係に話を移して、多少皮肉をこめてのべた。「外国のある者は政府がコミンテルンを指導し、ある者はコミンテルンが政府を指導していると言っているが、いずれも正しくない。コミンテルンは国際的な政治機関で、多くの国々を網羅しているからだ」。要するに、日本の客人への回答はすでに一〇日前に政治局によって決められていたのだ。

後藤は、本日参上したのは具体的問題について意見交換をおこなうためであり、政策談議のためではないと断りつつも、指摘した。「ロシアの対中活動の基本的な誤りは、中国の実情を理解しないで、行動を急ぎ過ぎているからではないか。旧文明の根が異常に深く、新社会運動の成功がむずかしいのが、中国である」。そうは言っても、東京の動きにも、すべて賛成できるものではないと、後藤は付言した。スターリンも最初の問題に同意し、二番目の問題について次のとおり語った。「日本の対中行動の根本的な誤りは、中国における『新社会運動』の真相を理解していないことだ。この国の新ナショナリズムは外国列強の膨張で覚醒した。日本でも『七〇年前』に似たような運動［つまり明治維新］が起こり、現代文明のなかにしっかりと根付いたという事実がある」。

話は張作霖に及び、スターリンが質問した（後藤は、張作霖体制は堅固ではなく、長くは続かないだろうと答えた）。そして、日本の対中国政策は、米国に追従すれば国策を誤ることになるとの指摘に、後藤は同意した。その後、スターリンは経済協力についての客人の考えを尋ねた。子爵は、今回は、中国問題についてのみ話しあうつもりだったことを告げ、再度の会見を申しいれた。それは一月一四日と決められた。会談は、ほとんどすべて漁業協約の話で終始した。スターリンが再び満州の独裁者の話をはじめ、張作霖が反動的で、世界の大勢や形勢も理解しない料簡の狭い愛国主義者であるとの人物評を披瀝した。

ここで、ひとつの興味をそそる歴史に注目してみたい。後藤とスターリンとの会談から半年後の一九二八年七月四日に張作霖は謀殺された。北京から自領の首都に向かう奉天近くで「老元帥」の特別車が爆破されたのである。公式発表は、張作霖によって残酷に追討された満州の匪賊が彼を殺害したというものであった。一方で、日本の軍部は、強力な競争相手を排除しようとした国民党員の仕業であることをほのめかした。しかし第二次世界大戦後となると、陰謀は関東軍高級参謀の河本大作陸軍大佐が率いる部隊によって実行されたことが発表され、大佐自身がテロ行為の準備について率直に詳しく話した。[32] 関東軍司令官の本庄繁陸軍中将、陸軍省、参謀本部、または東京政府は本事件と何の係わりももたず、責任もなかった。東京裁判においては検事側は責任を追及するための立証努力を続けた。まさに満州国のこの独裁者虐殺の時をもって「平和に対する陰謀」の秒読みが始まったのだ。またこの点が、日本を戦争へと導いた指導者たちにたいする起訴状の主眼点となった。

昭和天皇の個人的指令をうけた陸軍省は、事件直後におこなった捜査結果を発表した。若い君主は、日本の軍隊全体に影を投げかけたこの事件に、大変心を痛めた。派閥的な考えに立って、田中首相は事件をもみ消そうとした。関与した人たちを敵の攻撃から守ろうとして、事件をうやむやにしようとした。しかし情報は、政界そしてマスコミに漏れた。有力な野党議員の中野正剛（極東への武力干渉以来の田中の政敵）と永井柳太郎は、張作霖爆殺事件にかんする政府の責任を追及した。首相が処置を講じなかったことを糾弾して、元老西園寺は責任者を厳重に処罰することを要求した。

田中は、日本が事件に関与していないと何度となく言明したが、誰も信じなかった。内閣の命運を決定したのは、天皇のご不満であった。天皇は、公然と首相不信任を表明した。(33) 一九二九年七月二日、田中内閣は崩壊した。田中は下野して、三ヵ月後に急逝した。彼の突然の死は自殺であるという噂がたった。

何年か前、ロシアの歴史家ドミトリー・プロホロフの『グルー（ソ連軍参謀本部情報総局）の帝国』と題する書物、ならびにその後、人気紙『独立軍事評論』の紙面上で、センセーショナルな発表がおこなわれた。それまでは、河本の有罪は疑う余地なく証明済みと考えられていたが、張作霖の謀殺を陰で操ったのは、本当はソヴィエト情報機関で、後にトロツキー暗殺に関与したハルビンのナウム・エイティンゴンが率いる合同国家政治保安部の諜報機関だったというのである。(34) もっとも著者は、故ドミトリー・ヴォルコゴーノフ将軍の口頭の証言のみに依存していた。彼は秘密文書の使用許可権を持っていたが、しばしば証拠不十分かつまったく虚偽の発表をおこなった。プロホロフは証明済みとのべたが、自説を裏付ける証拠になる文書は何もなかった。

プロホロフの『グルー』の共著者、歴史家アレクサンドル・コルパキジは、話は巷の言説以上の何ものでもないとコメントした。ソ連が、モスクワとくに東支鉄道にとって、少なからず不安材料をもたらす張作霖を排除したかったことは、事実だろう。しかしこれだけでは、合同国家政治保安部の手先による殺人だと断定するためには不十分である。二〇〇六年三月六日に、コルパキジは筆者宛てに書き送ってきた。「私は確信している。この内容は、彼［ヴォルコゴーノフ］がスドプラトフ

〔国家保安中将〕に語った（書きはしなかった！）ことである。彼らは、スドプラトフと生前交流があった。エイティンゴンはスドプラトフにほらを吹きたかったのかもしれなかった。エイティンゴンのほらが、一人歩きしたのかもしれない。なぜならば中国では、二〇年代から三〇年代にかけて、わが軍がいわゆる『積極的な』工作、つまり後方撹乱のためのテロ活動をしていたからだ。具体的にこの仕事をしたのは（フリストフォル・）サルニィニと（イワン・）ヴィナロフであった。サルニィニは、一九三八年に逮捕され、尋問されたが、謀殺については何も語らなかった。ヴィナロフはブルガリア人とのインタビューに答えて、爆破された車両を撮影する任務があったと言った。この列車に乗っていたか、後から来たのかは、議論の余地のある問題であった。当該の公文書館のどの文書においても、爆破の件は記されていない。日本人が殺害したと思っている」[35]（強調点筆者）。

有名なロシアの中国史研究家で二〇〇二年出版の『中国におけるソヴィエトの諜報活動――二十世紀の二〇年代』の著者であるヴィクトル・ウソフはハルビンの合同国家政治保安部の諜報機関について詳しく書いているが、張作霖謀殺に関与したかについてはいっさい触れていない。

この点について言及する理由は、二〇〇五年末、ロシアでは話題にもならなかったプロホロフ説が日本で評判になったからだ（『グルーの帝国』を引用した、ユン・チアンとジョン・ハリデイの共著『毛沢東』の邦訳後に）。これが、とくに保守層にセンセーションに近い強烈な関心を呼び起こした。理由は明らかである。もし日本が張作霖謀殺の責任を負わないで済むなら、「平和に対する陰謀」の誹《そし》りをうち消すことができる。東京裁判の批判者やそれによってつくられた歴史観に批判的な人たちは、おのれにとって都合のよい大きな論証の後ろ盾が得られる。[36]しかし、日本の批評家たちの喜びは、明らかに時期尚早のものである。プロホロフの主張を裏付ける情報は不十分であり、再検討に必要な重要文書も不十分である。

■訪問の成果

一九二八年一月二一日のチチェーリンとの会談が、後藤訪ソのしめくくりとなった。後藤は、ソヴィエト側がこれまで何回か提案していた通商条約と不可侵条約の締結の話へと話題を戻した。田中首相は米英側の反発を危惧して拒否せざるを得なかったのだと、後藤はモスクワで直接説明した。日本の外交官、政治家の大部分は、不可侵条約が漁業協約と通商条約次第であると考えた。後藤子爵は、目的へ向って段階的に進むシナリオを提案した。漁業協約締結後に、通商条約と一連の利権協定を締結する。そうすれば、日本の支配層と世論も、政治協定のための会談の十分な準備ができたと考えるだろう。これにたいして、チチェーリンは答えた。「ソ連としては、通商条約も不可侵条約もともに調印するのが最高に望ましいと考える。ソ連はそれに向かって努力し、それを歓迎するだろう[37]」。

訪ソは、後藤の「有終の美」を飾った。自分でも多く語り、報道界においても活発な話題をよびおこした。一九二八年二月八日付の『大阪毎日』紙とのインタビューのなかで、漁業問題のほかに、相互理解にも大きく役立った、と後藤は意味深長に語った。ハルビンのユナイテッド・プレス社とのインタビューのなかにおいて（一九二八年二月二日に『北京リーダー』紙に発表）、モスクワで「満州での経済発展のある段階での日露協力のおおよその大要」に合意したと語った。しかし、ソヴィエトの文書中にも、日本の文書中にも、そのような事実にかんする記録は見当たらない。後藤が旅行の成果をあまりにも過大評価したのか、後藤に先立って久原がおこなったように、おのれに政治的威信をつけるために誇張したのかのどちらかだろう[38]。

まったく根拠のない噂が出回っていた。「後藤使節団がモスクワ滞在中の一九二七年一二月、満州における鉄道利権にかんして、ソヴィエト・ロシアと日本との間で相互理解に達した」。まことしやかな噂ではあった。しかし満州の鉄道利権についての新たな合意が成立したといった事実は、どこにもなかった。口頭の約束はあったのかもしれない。何か決定する形での合意はなかったのではないか[39]。文書がしめすところでは、モスクワで鉄道問題が議論された形跡はまったく認められなかった。

一月二九日、後藤は国境のオロビャンナヤ駅から、チチェーリンとカラハンに心から感謝する旨の電報を打った。一ヵ月後、さらに東京から両人に私信で謝意を表した。モスクワで採り上げた問題を忘れないようにと念を押した。〔ソ連邦中央執行委員会で〕批准され、双方の関係がさらに発展することを希望した。同様の書簡を、スターリン、後藤が会見したその他のソヴィエトの顕官たちにも送付した[40]。

後藤は、帰国後、おのれの旅行について講演を数回おこなった。ソ連の成功を高く評価し、両国の経済・政治協力拡大を呼びかけた。ソヴィエト全権代表部は後藤の活動を注意深く見守り、一九二八年二月二六日付の『大阪毎日』紙に公表された大阪市民会館における最も目立った演説をモスクワ宛てに報告した。[41]演説は大衆向きで、そのなかには深遠な総論や結論はなかった。講演中で、後藤は己の独自の発想で、トロツキーと、一八七七年に明治政府にたいして蜂起した「最後の侍」、西郷隆盛とを比較し、スターリンと、この体制の大立者で「日本のビスマルク」、大久保利通とを比較した。トロツキーはいまだ人気が高かったものの、すでに彼の敗北は明らかであった。スターリンの人気は高くなかった。大久保も人気では西郷に譲ったものの、すでに勝利していた。

六月二九日、後藤はチチェーリンに宛て人民委員就任一〇周年を祝う書簡を送った。当時、チチェーリンが一〇年間も外相の地位にとどまり続けた記録は、世界中の新聞に書きたてられた。子爵は、チチェーリンによる「東アジア生活の現実」と「地政学上関係」の「深い理解」をとりわけ評価した。日本では当時「地政学」という言葉は、まだ珍しかった。子爵は大雑把とはいえドイツ地政学派の理論や著作に通じていたのだろう。

祝いと幸運を祈った他に、この書簡にはビジネスの部分も含まれていた。後藤がモスクワを出発して以来、中国情勢は本質的な変化を見せていた。四月一〇日、蔣介石が民族統一をスローガンに掲げて、張作霖と共産主義者にたいして北伐を再開した。国民党の密使は、西欧諸国の首都で工作を活発化した。四月一九日、日本の国会は蔣介石軍の済南への前進の行く手を阻むために、中国出兵を決議した。同胞を守るための例外的な暫定手段と称して、後藤はチチェーリンの説得に努めた。「中国の事態の急速な変化が中国との協定を一層難しくしていますが、私はやっぱり、日本とソ連邦の両国が協商を結んで、東アジアの情勢を正し、英米諸国のような国々と欺瞞に満ちた不自然な同盟を結ばせてはならないと考えるのです[42]」。

東京の軍事行動の活発化にモスクワは不安を抱き、チチェーリンは五月二二日のインタビューで日本軍の中国派兵に正式に抗議した[43]。六月五日に国民軍は北京を占拠した。日ソ関係が緊迫化し、事実上戦争の瀬戸際状態にあった。ソ連は満州の国境を越えなかった。そして、抗議の五日後に張作霖が殺害された。息子で後継者の「若い元帥」張学良はさらに一層反日、反ソの立場をとり、一九二九年夏の東支鉄道紛争の主要原因になった。チチェーリンは間もなく治療のため外国へ去り、職務を離れ、一九三〇年夏には退職した。

■ボリシェヴィキ、後藤を偲ぶ

一九二八年一〇月、後藤は功労が認められて伯爵に列せられた。特筆すべき功績はソ連邦との関係正常化と漁業協約の締結であった。しかし年老いたユーラシア主義者の生命力はまさに尽きんとしていた。一九二九年三月二八日、彼は学長をしていた拓殖大学の恒例の卒業式で挨拶した。その後間もなく四月一三日、三回目の脳溢血に倒れ、この世を去った。三日後、大勢の人々に囲まれた後藤の遺骸が東京の中心地にある青山墓地に埋葬された。ここには、多くの日本の著名な政治家が葬られている。

このニュースが、モスクワに届いた。カラハンはすぐさま酒匂秀一臨時代理大使（田中大使は留守中）を呼び、外交上の弔問文を手渡した。

後藤伯爵のご逝去の報に接し、心からの哀悼の意を表し、貴政府に衷心よりのお悔やみを申しあげます。ソ連邦政府は、優れた政治家であられた後藤伯爵を失った日本国民の悲しみを共にし、伯爵の功労と業績を高く評価するものであります。伯爵は、両国間の相互理解と発展、強化のために尽くされ、ソ連邦と日本の間の政治、経済、文化の緊密化に重要な役割をはたされました。ご逝去による損失は計り知れないものがあり、とくに私個人にとっては大変辛いものがあります。われわれの長年の協力関係に心から感謝し、伯爵の高い個人の資質にたいしあらためて畏敬の意を表するものであります。(44)

カラハンは、その日に『東京日日新聞』の記者、布施勝治に弔意を表した。

後藤伯爵の死は私にとって大きな衝撃であります。つい最近まで容態が回復途上にあるとお聞きしていたからです。伯爵のご逝去の報に接し、私の辛さは言語に絶するものがあります。

日本の政界から、歴史上稀にみる活力に満ちた政治家を失ったのみならず、ソ連もまた両国の関係緊密化のために多くの精力的な活動に尽力された最高の日本の友人を亡くしたのです。彼の名はわが国に広く知られ、彼のご逝去は悲しみをもって迎えられるでしょう。じつに伯爵と私は、個人的友情で結ばれておりました。そのご逝去の報せを受けたときのわたしの痛みは言葉で表現しようがありませんでした。(45)

通常の外交辞令を超えたこれらの言葉には彼の誠実さが滲み出ている。全国紙の弔辞は、アレクセイ・カントロヴィッチ・カラハン(ペンネーム「アヤクス」)によって、起草された。人民委員代理は、自分で文章の下書きをした。

所属する階級や世界観がどのようにわれわれとかけ離れていようとも、後藤新平伯爵のご逝去の報は、身近な友人を墓に送るソ連国民の心からの悲しみをもって迎えられるでありましょう。(46)

後藤の両国関係の発展における格別な貢献は同胞にも明らかであった。国家社会主義の理論上のイデオローグ大川周明(かつて拓殖大学教授)は、「日本国中に一人もロシアと口をきき得るものがいなくては不便不利もはなはだしいものと言わねばならぬ」と強調し、次の賛辞を送った。「今日わが国が後藤伯を喪ったことは、他のいかなる点よりも、日本とロシアとのもっとも有効な仲介者を喪ったという点において国家の損失だと、予自身は信じている」[47]。

解説

本書は、ワシーリー・モロジャコフ氏の『後藤新平と日露関係――新文書にもとづく新見解』の完訳である。原著のロシア語版は、モスクワで二〇〇六年に刊行された。Василий Молодяков. *ГОТО СИМПЭЙ И РУССКО-ЯПОНСКИЕ ОТНОШЕНИЯ: новые документы, новый взгляд*.(Москва: АИРО-XXI, 2006), 218 pp. 日本語訳にあたっての第一回目の打合せの際にモロジャコフ氏が、「正確な逐語訳ではなく、日本の読者にとり何よりも読みやすい文章にしてほしい」との注文を行ったので、思い切って意訳したり、日本読者向けに原著に若干の修正を加えた箇所もある。また、書名も若干変更した。

斯界の第一人者である富田武・成蹊大学教授は、邦訳全部を原露文と照らし合わせて懇切丁寧に目を通してくださった上に、数々の適切かつ有意義なアドバイスを賜わった。それにもかかわらず、完璧主義者であり、かつ謙譲の美徳の化身である同教授は、訳者としても監修者としても名を掲げることを固辞された。同教授のご協力にもかかわらずこの邦訳がもし完璧なものになっていないならば、それはひとえに私個人の責任に帰せられるべきである。

ワシーリー・モロジャコフ氏は、〝ヤポニスト〟（日本研究家）としては恵まれた環境に育った。母上は、著名な日本史家として知る人ぞ知るエルグエナ・モロジャコワ教授である。現在、ロシア連邦科学アカデミー付属東洋学研究所の日本センター長（前任者の一人は、コンスタンチン・サルキソフ現山梨学院大学教授）。モロジャコフ氏は、東京大学大学院博士課程を経て、二〇〇二年に論文「白鳥敏夫と日本外交」を提出、博士号を取得した。戦後、ロシア人としては初の栄誉と聞く。博士号を取得後は、拓殖大学日本文化研究所の客員教授等を務めたのち、引き続き、桂太郎、後藤新平など拓大の歴代総長とロシアとの交流などをテーマとする調査に取り組んでいる。その研究成果は、次から次へとロシア語の活字となって発表されている。たとえば、モスクワやサンクトペテルブルクへ行く者が、「ドーム・クニーギー（本の家）」その他の書店の「日本関係」の書棚において見出す新刊書籍は、ほとんどモロジャコフ氏の著作である。現ロシアで最も旺盛な著述活動で知られるヤポニストといって、過言ではない。

後藤新平について外国語で書かれた書物は、皆無――。このことを、私は不覚にもモロジャコフ氏の指摘によってはじめて知った。それどころか、後藤ならびに彼の活動は外国人によってかならずしも正確に紹介されていない。たとえばE・H・カーの長大な『ソビエト・ロシア史』を開けてみても、後藤についての記述は、わずかアドルフ・ヨッフェとの関連で一〇行ばかりが費やされているに過ぎない。しかも、それはきわめてステレオタイプの叙述で、われわれを失望させる。「エクセントリックな後藤新平は、日ソ友好の熱烈な唱道者であった。彼は、アジアとくに中国の市場や太平洋の覇権を志向する、一方における日・独・露間のユーラシア・アジア同盟と他方におけるアメリカ合衆国とのライバル関係の形成を期待した」（原文、第七巻、八七一、八七七頁）。

モロジャコフ氏による本書は、〝後藤新平とロシア〟について書かれた世界初の著述である。しかも、最高水準に達する内容で、おそらく今後も本書を超えるものは出現しまいと予想される傑作となった。打席に入った新人がいきなり満塁ホームランを放ったと評して、過言ではなかろう。本書のお陰でロシア関係分野における後藤の偉業が見事に蘇ったのである。藤原良雄氏による一連の後藤新平関連出版物のなかでも白眉のひとつとなった。

第一に、〝後藤とロシア〟というテーマの選び方が秀逸である。そういうと、コロンブスの卵のように響くかもしれない。が、本書はモロジャコフ氏をおいては他の誰によっても書かれえなかった。まず、このテーマを扱う以上、著者はとうぜん日本語とロシア語の両方に通暁していなければならない。次に、モスクワの数々の文書館の資料を掘り当て、それを閲覧、熟読することが必要不可欠である。日本人の研究者ならば、鶴見祐輔『正伝・後藤新平』（藤原書店刊）のほか、拓殖大学図書館禁帯出の後藤新平コレクション、その他の主として日本語文献によって、辛うじて〝後藤とロシア〟との関わりを知るのが、せいぜい関の山だろう。

当時ロシア側によって後藤はいったいどのように見られていたのか？　スターリン、チチェーリン外務人民委員、レフ・カラハン外務人民代理などは、彼らの側近、部下、在日ロシア代表部などから、後藤の意図や動きについてどのような情報を得ていたのだろうか？——これらの問は、ロシアの文書館への特別な接近《アクセス》をもつ者によってのみ解答可能となる。たとえアクセスしえても、問題意識の希薄な者にとっては、折角の宝の山も退屈な文書類にすぎないであろう。それらを読みぬいて、モロジャコフ氏は、たとえば後藤の三回にわたるロシア訪問の裏面史を生き生きと再現することに成功した。日露／日ソ関係史に通暁したモロジャコフ氏のみがなしえた壮挙といわねばならない。

新発見の新資料を用いていること。本書の価値は、このことに尽きるのではない。それらの新資料の使用法にみられる学問的な客観性が、第二の特色である。学者としては当然至極のこととはいえ、従来のソビエト「研究者」、そして今日の日露両国の「研究者」たちですらかならずしも厳守していない。学術的にフェアな態度が、本書の全編を貫いている。紙幅の都合上、わずか一例のみをあげるにとどめる。**後藤新平のシベリア出兵賛成の主張**にかんしてである。

明治以来の日本の政治家たちを大別すると、次の三種に分類されるであろう。一は、英米一辺倒とでも名づけられる立場の人々。二は、日本外交にとり英米一辺倒がかならずしも望ましくなく、ドイツ、ロシア、その他の列強との関係もひとしく良好に保って、英米の横暴を牽制し抑制すべしと考える人々。三は、英米よりも独、露、その他との友好を説くグループ。

後藤は、伊藤博文や桂太郎と同様に、右の分類中の第二グループに属し、いわばその代表格であった。もしこのような私の見方が間違っていなければ、後藤新平にたいして単純に「親露派」のレッテルを貼ることは誤解を招く。後藤がロシア好きであったことは、たしかである。しかし彼は何よりも愛国者であった。若くしてドイツに学んだ彼は、ドイツ贔屓でもあった。彼は英米との関係も重視した。要するに後藤は、飽くまで日本の国益擁護の視点に立って外国の諸列強の動静を眺め、その時々に日本外交が、英、米、独、露、中国にたいしていかなる路線を追求すべきかを決めようとした。さらにいうならば、「バランス・オブ・パワー」(勢力均衡)を第一義とするリアリストであった。敢えて俗っぽく譬えるならば、後藤は「日本のキッシンジャー」であった。

そのような譬えの是非はともかくとして、後藤外相による「シベリア出兵」の熱心な唱道は、彼の生涯を通じての親露的な言動からはまるで突然変異が生じたかのように奇異なものに映った。後藤の孫の鶴見和子、俊輔さんのような方々ですら、それを「生涯の大失敗」とみなした(御厨貴編『時代の先覚者・後藤新平 1857-1929』(藤原書店、二〇〇四、五一、二〇九頁)。ところが、モロジャコフ氏は本書中で「後藤の大失敗?」とクエスチョン・マーク(疑問符)をつけている(本書一三二頁)。その詳細を紹介する紙幅上の余裕はないので、読者自身がその部分(本書一三二〜三四頁)に直接目を通して下さることをお勧めする。私個人は、その部分を読んで、モロジャコフ氏の説明がすとーんと胸に落ちた思いがした。少くとも、後藤がなぜ日本のシベリア出兵を唱道したか——この長年の疑問を解き明かしてくれる最も説得力ある説明だと思った。

繰り返すようであるが、本書は、それが用いている貴重な資料、それが用いている分析の客観性のゆえに、第一級の学術書となっている。この二つの特色に、稀有なことに第三の美点が加わる。それは、まるで米国の推理小説ペーパーバックを読むような巧みな叙述スタイルである。文章が簡潔であるばかりではない。いったい事態は次にどのように展開するのか。こう考えてページをめくるのももどかしく感じられる興味ぶかいストーリー上の工夫がほどこされている。私は、たぐい稀なるストーリー・テラーとしての著者の才能にほとほと感心させられ、久々に上質の知的好奇心が満たされる喜びを味わった。

二〇〇九年春

木村 汎

(36) 中西輝政「暴かれた現代史」「崩れる『東京裁判』史観の根拠」(『諸君』, 2006年3月号・4月号)。
(37) 次の引用 : *СССР и Япония,* c.96-99. 本著作の執筆者が引用したのはチチェーリンとの会話部分のみ(『桂, 後藤とロシア』, 文書116);ソ連の指導層およびスターリン個人が不可侵条約の締結を勝ちとるまでの努力について : Беседовский, Г., *На путях к термидору* (М.: Современник, 1997), c.225-29.
(38) Young, C. W., *Japan's Special Position in Manchuria: Its Assertion, Legal International and Present Meaning,* p. 85-86.
(39) 前掲, 85頁。
(40)『桂, 後藤とロシア』, 文書120, 121, 123-127;スターリンの回答は今のところ見つかっていない。
(41) 翻訳:前掲, 文書122。次も参照:後藤新平・前田多門「ロシアより帰りて」(『講演』, 朝日民衆講座, 1928年)。
(42)『桂, 後藤とロシア』, 文書129。
(43) Чичерин, Г. В., *Статьи и речи по вопросам международной политики,* c.495-496.
(44)『桂, 後藤とロシア』, 文書131。
(45) 前掲, 文書132。
(46) 前掲, 文書136。
(47) 大川周明「後藤伯爵」(『吾等の知れる後藤新平伯』, 35頁)。

（16）Кутаков, Л. Н., *История советско-японских дипломатических отношений,* с.87.
（17）満川亀太郎「故後藤伯の日露提携意見」，『吾等の知れる後藤新平伯』，212-15 頁；複製版『ロシアと拓殖大学』，322-25 頁；吉村道男「後藤新平最後の訪ソをめぐって」，『外交史料館報』第 3 号，1990 年，51-53 頁。
（18）『桂，後藤とロシア』，文書 92。
（19）徳富猪一郎『公爵桂太郎伝』（2 巻），（公爵桂太郎伝記編纂会，1917 年），347 頁。
（20）Yakichiro Suma, *Where Japan Stands. Addresses Delivered in America on the Sino-Japanese Conflict* (Tokyo: Hokuseido, 1940), p.42.
（21）『桂，後藤とロシア』，文書 101。
（22）Suma, Y., *Where Japan Stands,* p. 64-65.
（23）吉村道男『後藤新平最後の訪ソをめぐって』，53-55 頁。
（24）Akira Iriye, *After Imperialism. The Search for a New Order in the Far East 1921-1931* (Cambridge, Mass.: Harvard University Press, 1968), p. 52.
（25）『桂，後藤とロシア』，文書 94。
（26）前掲，文書 96。
（27）前掲，文書 95。
（28）*High Tension. The recollections of Hugh Baillie* (N.Y.: Harper & Brothers, 1959), p.105.
（29）議論のなかの発言：「日露関係の過去と将来――桂太郎，後藤新平，新渡戸稲造の足跡に学ぶ」（『シンポジウム資料』，モスクワ，2004 年 10 月 4 日，二十世紀ロシア史研究協会（AIRO-XX），2005 年，80 頁）。
（30）ロシア国立社会・政治文書館館長代理オレク・ナウモフの 2004 年 3 月 16 日付拓殖大学藤渡辰信総長宛て「書簡」。
（31）『桂，後藤とロシア』，文書 103，109。（ファクシミリ）
（32）河本大作「私が張作霖を殺した」（『文芸春秋』，1954 年，No. 12）；臼井勝美「張作霖爆死の真相」（『別冊知性』，No. 5，「秘められた昭和史」，1956 年 12 月），その他多数。
（33）より詳細には：『田中義一伝記』（下），1027-43 頁：馬場明「田中外交と張作霖爆死事件」（『歴史教育』，1960 年，No.2）；Bamba, N., *Japanese Diplomacy in a Dilemma: New Light on Japan's China Policy 1924-1929,* p.339-42, 355-56.
（34）Колпакиди, А., Прохоров, Д., *Империя ГРУ* (М.: Олма-пресс, 2000), с.182-183 ; Прохоров, Д. "«Литерное дело» маршала Чжан Цзолиня," *Независимое военное обозрение*, 2003. 27. 06.
（35）2006 年 3 月 6 日付アレクサンドル・コルパキジの筆者宛てメール。

第7章

日本の文書：後藤新平記念館関係文書。（目録18，ファイル4-17）：それらのうち，最も興味深いのが関根斉一編『訪問日記』（ファイル10）で，後藤の正伝に使用されている。それは後藤のモスクワ発田中首相宛ての会談メモや電報を含む報告書でもある（ファイル11）。八杉や森によって作成され，外務省にファイルされた会談メモ，さらには，訪問関連の外交上の交信類は『日本外交文書』（昭和期　シリーズI第2篇3巻）に納められている。

ソ連の文書；『桂，後藤とロシア』，文書81-125；非公表のコスチュコフスキー編「後藤の訪ソの日記部分」（*Архив внешней политики Российской Федерации,* Фонд 0146, Опись 11, Дело 132, Папка 10, Листы 74-85）；訪問史：鶴見祐輔『正伝・後藤新平』（第8巻），534-656頁；吉村道男「後藤新平最後の訪ソを巡って」（『外交資料官報』, No. 3, 1990年3月）；笠間啓治「後藤新平の訪ソ」（『人文社会科学研究』, 早稲田大学, 第39号）；Кутаков, Л.Н., *История советско-японских дипломатических отношений,* с.86-89 ; *СССР и Япония,* с.96-99 ; Молодяков, В. Э., *Россия и Япония: поверх барьеров,* Гл. 9-10.

(1) 鶴見祐輔『正伝・後藤新平』（第8巻），544頁；『桂，後藤とロシア』，文書83，89。
(2) 前掲，文書81。
(3) 前掲，文書82。
(4) 前掲，文書86。
(5) 使節団メンバーリスト：前掲，文書90。
(6) 前掲，文書87。
(7) *Архив внешней политики Российской Федерации,* Фонд 0146, Опись 11, Дело 132, Папка 10, Лист 76; 鶴見祐輔『正伝・後藤新平』（第8巻），613-14頁。
(8)『桂，後藤とロシア』，文書98。
(9) より詳細には：鶴見祐輔『正伝・後藤新平』（第8巻），617-40頁；富田武「後藤新平訪ソと漁業協約交渉――日露資料の比較検討から」（『成蹊法学』，第61号，2005年3月）。
(10)『桂，後藤とロシア』，文書111。
(11) 前掲，文書113，114。
(12) 前掲，文書115。
(13) 前掲，文書116。
(14) 前掲，文書117。
(15) 前掲，文書118，199。

Гл. 4-5.

（17）『桂，後藤とロシア』，文書 84。

（18）『田中義一伝記』（上），547-84 頁；中国に関する同様のプロジェクト：前掲，676-712 頁；後藤のこれらプロジェクトへの関連資料：Matsusaka, Y. T., *The Making of Japanese Manchuria: 1904-1932,* p. 180-85.

（19）*ДВП,* T. IX, P 12.

（20）『桂，後藤とロシア』，文書 97。

（21）前掲，文書 99。

（22）前掲，文書 80（付属文書）。

（23）“Выступление на V съезде Советов 4 июля 1918 г.,” Чичерин, Г. В., *Статьи и речи по вопросам международной политики*, с. 61.

（24）“Японские летчики – вестники сближения”（1925 年 8 月 30 日付の無署名論文），前掲，с. 458-459.

（25）『桂，後藤とロシア』，文書 96。

（26）中国における田中外交についての文献は多いが，質の差が大きい。そのなかで，詳細かつ客観的な労作は次のとおり：Nobuya Bamba, *Japanese Diplomacy in a Dilemma: New Light on Japan's China Policy 1924-1929* (Kyoto: Minerva Press, 1972); William F. Morton, *Tanaka Giichi and Japan's China Policy* (N. Y.: Dawson, 1980).

（27）Подалко, П. Э., *Япония в судьбах россиян*, с.96-98.

（28）前掲，133-34 頁。

（29）*ДВП,* T. X, с.321-322.

（30）『桂，後藤とロシア』，文書 81。

（31）Кутаков, Л. Н., *История советско-японских дипломатических отношений,* с.81-82.

（32）1920 年代におけるソ独関係：Бушуева, Т.С., Дьяков, Ю.Л., *Фашистский меч ковался в СССР. Красная армия и рейхсвер. Тайное сотрудничество 1922-1933. Неизвестные документы* (М.: Мысль, 1992); Горлов, С.А., *Совершенно секретно:Альянс Москва-Берлин 1920-1933 гг. (Военно-политические отношения СССР-Германия)* (М.: ОЛМА-Пресс, 2001); Молодяков В.Э., *Россия и Германия: дух Рапалло (1919-1932)* (М.: Просвещение, 2009), さらに，次の古文書を参照：Harvey Leonard Dyck, *Weimar Germany & Soviet Russia 1926-1933: A Study in Diplomatic Instability* (London: Chatto & Windus, 1966); Gerald Freund, *Unholy Alliance. Russian-German Relations from the Treaty of Brest-Litovsk to the Treaty of Berlin* (London: Chatto & Windus, 1957).

たことを詳述した:『桂，後藤とロシア』，文書 68。
（31）鶴見祐輔『正伝・後藤新平』（第 8 巻），96-112 頁。
（32）*ДВП.*, T. VI, c.486-487.
（33）『桂，後藤とロシア』，文書 69。
（34）前掲，文書 70；原文：鶴見祐輔『正伝・後藤新平』（第 8 巻），119-26 頁。
（35）東郷茂徳『一外交官の回想』，121-22 頁；東郷茂徳『時代の一面』，51 頁。

第 6 章

（1）『桂，後藤とロシア』，文書 71。
（2）George A. Lensen, *Japanese Recognition of the USSR : Soviet-Japanese Relations 1921-1930*, p. 88.
（3）『桂，後藤とロシア』，文書 72。
（4）東郷茂徳『一外交官の回想』，123 頁；東郷茂徳『時代の一面』，52 頁。
（5）*ВКП(б), Коминтерн и Япония 1917-1941*, c.302-305；より詳しくは：吉村道男『日本とロシア』，425-50 頁。
（6）*ДВП.*, T. VI, c.451.
（7）『桂，後藤とロシア』，文書 74。
（8）1923 年末の森の中国訪問とソ連代表との交渉はさらに研究されねばならない。理解に役立つのがカラハンの秘書シバルサロンの 1923 年 11 月 20 日付森宛て書簡（『桂，後藤とロシア』，文書 73），また，1923 年 8 月 26 日および 9 月 3 日付奉天での森とカラハンの会見についてのメモ類である：『後藤新平関係文書』（目録 17，ファイル 9）。
（9）『桂，後藤とロシア』，文書 75。
（10）日露国交回復について：『後藤新平　背骨のある国際人』（拓殖大学，2001 年），192-205 頁（複製版『ロシアと拓殖大学』，308-21 頁）。
（11）「新ロシアの研究」前掲，184-87 頁。
（12）『桂，後藤とロシア』，文書 76-79。
（13）1925 年 3-4 月，後藤は韓国と満州を訪ねた。その途次，ハルビンの日露協会学校を訪れ，満州の独裁者である張作霖と会見した。訪問時の公的な発言のなかで，彼は一度ならず日露関係について言及した：鶴見祐輔『正伝・後藤新平』（第 8 巻），471-77 頁。
（14）次の本からの引用：*СССР и Япония,* c.80-81.
（15）『桂，後藤とロシア』，文書 80.
（16）Baron Shimpei Goto, “The Japanese Question in America,” *What Japan Thinks,* Ed. K. K. Kawakami (New York: Macmillan, 1921), p. 189-203；より詳細には：Савельев, И. Р., *Японцы за океаном. История японской эмиграции в Северную и Южную Америку* (СПб.: Петербургское востоковедение, 1997),

(8) 駄場裕司「後藤・ヨッフェ交渉前後の玄洋社・黒龍会」(『拓殖大学百年史研究』, 第 6 号, 2001 年 1 月)。
(9)『桂, 後藤とロシア』, 文書 60。
(10) 鶴見祐輔『正伝・後藤新平』(第 7 巻), 583 頁。
(11) 複製版『北一輝著作集』(第 2 巻), (みすず書房, 1972 年), 397-407 頁。
(12) 永田秀次郎「後藤さんと私」(『吾等の知れる後藤新平伯』東洋協会, 1929 年), 40 頁。
(13) 東郷茂徳『一日本外交官の回想』(モスクワ, 1996 年), 121 頁;東郷茂徳『時代の一面』(改造社, 1952 年), 50-52 頁 (51 頁から引用)。より詳細には:萩原延壽『東郷茂徳——伝記と解説』(原書房, 1985 年), 139-47 頁。
(14) 次の引用:Кутаков, Л. Н., *История советско-японских дипломатических отношений* (М.: Изд-во Института международных отношений, 1962), с.21.
(15) 小林幸男「日ソ国交調整の一断面——後藤・ヨッフェ会談開始の経過」(『国際政治』, 6 号, 1958 年)。
(16) Устрялов, Н., *Национал-большевизм* (М., Эксмо, 2003), с.264-272.
(17)『桂, 後藤とロシア』, 文書 57。
(18) 本会見についての後藤のメモ:鶴見祐輔『正伝・後藤新平』(第 7 巻), 686-703 頁。
(19) *ДВП*. Т. VI. с.273-274.
(20) 文書:鶴見祐輔『正伝・後藤新平』(第 7 巻), 704-08 頁。
(21) 前掲, 729-36 頁;『桂, 後藤とロシア』, 文書 58.
(22)『桂, 後藤とロシア』, 文書 61。;鶴見祐輔『正伝・後藤新平』(第 8 巻), 15-34 頁。
(23) *ВКП (б), Коминтерн и Япония 1917-1941,* с.10.
(24) Гутман, А.Я. (Ган А.), *Гибель Николаевска-на-Амуре. Страницы из истории гражданской войны на Дальнем Востоке* (Берлин: Русский экономист, 1924), с.175.
(25) 前掲, 167-70 頁。
(26) *СССР и Япония,* с.62-63:より詳細な漁業問題交渉についての文献:鶴見祐輔『正伝・後藤新平』(第 7 巻), 737-63 頁;『桂, 後藤とロシア』, 文書 59, 62-63。
(27) 前掲, 文書 60。
(28) 前掲, 文書 66。
(29) 鶴見祐輔『正伝・後藤新平』(第 8 巻), 88-95 頁;『桂, 後藤とロシア』, 文書 67。
(30) ヨッフェが 7 月 3 日付後藤宛て書簡のなかで, 川上との交渉をはじめ

(29) 1918年におけるセミョーノフ，ホルワート，デルベルの活動に対する日本政府の対応の概要：鶴見祐輔『正伝・後藤新平』（第6巻），560-68頁；細谷千博『シベリア出兵の史的研究』，第4章；Молодяков, В.Э., *Россия и Япония: рельсы гудят,* Глава 13； その他文書：*Подготовка и начало интервенции на Дальнем Востоке России. Документы и материалы* (Владивосток: ДВО РАН, 1997).

第5章

後藤・ヨッフェ交渉の日本の文献は，極めて豊富である。そのなかの重要文献集：『日本外交資料』，2-51，106-4：『日露国交回復交渉一件』（第1-7篇。〔拓殖大学文献集コピー〕）。第1篇のみが公刊されている（会談記録，公式文書の交換，訪問準備にかかわる職務上の書信集）：『日本外交文書　大正期』（12巻，第1冊）。他篇：No 2（1021頁）「日本の世論」；No. 3（681頁）「他国の世論」；No. 4（3509頁）「ヨッフェ書信集」（ヨッフェの発信，あるいは，受信の電報のコピーや翻訳を含む。）；No. 5, 558頁。「外務省情報局資料」，No 6-7。交渉に直接関係ない後藤個人の古文書で，後藤新平記念館の所蔵：目録16。

重要なソヴィエト文献：『桂，後藤とロシア』，文書55-70。

後藤が書いた交渉史：（1）『日露国民的交渉の正系』（1923年）（2）『日露予備交渉或問』（1923年）（3）『対露交渉と日露協会』（1924年）（4）『日露問題に就いて』（1924年他）

交渉の過程の詳述：鶴見祐輔『正伝・後藤新平』（第7巻），575-763頁，同（第8巻），13-126頁（多くの文献の複製）。

研究書：『日本外交史』（15巻）；『日ソ関係史：1917年-1945年』（鹿島出版会，1970年），第4-5章；George A. Lensen, *Japanese Recognition of the USSR: Soviet-Japanese Relations 1921-1930* (Tallahassee: Diplomatic Press, 1970), Ch. 3-4 ; *СССР и Япония,* Глава 2; Молодяков, В. Э., *Россия и Япония: поверх барьеров,* Гл. 6-7.

(1)『原敬日記』（第5巻），372-73，383頁；Connors, L., *Emperor's Adviser: Saionji Kinmochi and Pre-War Japanese Politics,* p.91-94.
(2) *Rash Behari Basu - His Struggle for India's Independence,* p.363.
(3) *СССР и Япония,* с.53.
(4) *ВКП (б), Коминтерн и Япония 1917-1941* (М.: Росспэн, 2001), с.10.
(5)『桂，後藤とロシア』，文書56。
(6) 前掲，文書55。
(7) 内田のメモ（1922年12月15日付）『内田良平関係文書』（第2巻），（芙蓉書房，1994年），72-79頁。

（12）次の引用：Kawakami, K.K., *Japan and World Peace,* p. 72-73.

（13）『原敬日記』,（第 4 巻），384-87 頁。

（14）前掲，389-91 頁。

（15）より詳細な研究書：George F. Kennan, *Soviet-American Relations 1917-1920, Vol. II, The Decision to Intervene* (Princeton: Princeton University Press, 1958); Молодяков, В.Э., *Россия и Япония: рельсы гудят,* Главы 15-16.

（16）鶴見祐輔『正伝・後藤新平』（第 6 巻），462-72 頁。

（17）『広田弘毅』（広田弘毅伝記刊行会，1966 年），57-59 頁。一連の情報の出所先として松岡は外務大臣や首相の秘書を名指している。明らかに，彼は，彼らの代理人として，これら職務を非公式に遂行したと思われる。そのうえ留意すべきことは，彼は後藤ではなく，本野の協力者であったということだ。

（18）鶴見祐輔『正伝・後藤新平』（第 6 巻），472-82 頁；『原敬日記』（第 4 巻），399-400，404-07 頁。

（19）『原敬日記』（第 4 巻），411-14 頁。

（20）鶴見祐輔『正伝・後藤新平』（第 6 巻），482-538 頁；『原敬日記』（第 4 巻），415-18 頁；決議の仕組みと採決手法の分析：細谷千博『シベリア出兵の史的研究』（第 6 章）；Morley, J., *The Japanese Thrust into Siberia 1918,* Ch.XII.

（21）テキスト：鶴見祐輔『正伝・後藤新平』（第 6 巻），538-44 頁。

（22）『原敬日記』（第 3 巻）420 頁。

（23）Connors, L., *Emperor's Adviser: Saionji Kinmochi and Pre-war Japanese Politics,* p.66-67.

（24）『原敬日記』（第 4 巻），420-23 頁。

（25）臨時委員会の活動について：鶴見祐輔『正伝・後藤新平』（第 6 巻），574-90 頁；ソヴィエトの評価：*СССР и Япония (*М.: Наука, 1987), с.19-22.

（26）鶴見祐輔『正伝・後藤新平』（第 6 巻），544-60 頁；『原敬日記』（第 4 巻），423-26 頁；作成過程と決定手法の分析：細谷千博『シベリア出兵の史的研究』（第 6 章）；Morley, J., *The Japanese Thrust into Siberia 1918,* Ch.XIII.

（27）*Revelations of Russian Diplomat. The Memoirs of Dmitrii I. Abrikosov,* Ed. George A. Lensen (Seattle: University of Washington Press, 1964), Ch.9, "Embassy without Government" ; Подалко, П. Э., *Япония в судьбах россиян,* Глава IV.

（28）"Отчет А.Н. Петрова о поездке в Японию," Токио, 15 сентября 1918 г., *Красный Архив,* Т. 35, с.55-56, 60-61; 日本に到着したとき，ペトロフは一連の論文を発表した。たとえば：アルカディ・ペトロフ「露国聯邦と自治西比利亜」（『東洋時報』，242 号，1918 年），24-30 頁。

日歴史学会，モスクワ二十世紀ロシア史研究協会――XX（AIRO-XX），2001年），500頁。

（50）Coleman, F., *The Far East Unveiled,* p.264.

第4章

（1）連合国の極東ロシアへの武力干渉に日本が参加することについての文献は広汎であるが，その内容には優劣が認められる。本テーマに直接関係するもっとも重要と思われる文献を列挙する：細谷千博：(1)『シベリア出兵の史的研究』（岩波書店，2005年）（初版は1955年）；(2)『ロシア革命と日本』（原書房，1972年），第1-2章；原暉之『シベリア出兵――革命と干渉』（筑摩書房，1989年）；小林幸男『日ソ政治外交史』（有斐閣，1985年），第3章；James Morley, *The Japanese Thrust into Siberia 1918* (N.Y.: Columbia University Press, 1957)；ロシアの学術界における日本の干渉への参加についての究明は，不十分である。また，ソ連邦時代の著作物は，イデオロギーと社会主義的要請の影響を強く受けて記述された。

（2）ふたつの文書：*Документы внешней политики СССР*（以下*ДВП*），T. 1, c.80-82; より詳しくは：細谷千博『ロシア革命と日本』，15-47頁。

（3）『原敬日記』（第4巻），331，344-55頁；細谷千博『シベリア出兵の史的研究』（第1-2章）。

（4）*Архив полковника Хауза,* T. III, M., 1939, c.291.

（5）1918年の日米関係の脈絡におけるシベリア出兵問題。より詳細な研究書：細谷千博（1）『シベリア出兵の史的研究』（第3，5章），（2）『ロシア革命と日本』（第2章）：Morley, J., *The Japanese Thrust into Siberia, 1918,* Ch.III, IV, X-XI.

（6）『原敬日記』（第4巻）378-80頁。

（7）より詳細な研究書：鶴見祐輔『正伝・後藤新平』（第6巻），416-41頁；Tatsuji Takeuchi, *War and Diplomacy in the Japanese Empire* (Garden City N. Y.: Doubleday Doran,1935), Ch.5；雨宮昭一「戦争指導と政党――外交調査会の機能と位置」（『思想』，622号，1976年4月）。

（8）Чичерин, Г. В., *Статьи и речи по вопросам международной политики* (M.: Изд-во социально-экономической литературы, 1961), c.60.

（9）これらの計画は，後に軍参謀本部の公式刊行本の付属文書として発表された。『シベリア出兵史』（第1巻），（参謀本部編，1924年）。

（10）*Архив полковника Хауза,* T. III, c.291.

（11）テキスト：徳富猪一郎『公爵山縣有朋伝』（3巻）（山縣有朋公記念事業会，1933年），987-89頁「シベリア出兵における山縣の立場」;Hackett, R. F., *Yamagata Aritomo in the Rise of Modern Japan,* p.310-16.

(33) 条約締結準備と調印における山縣の果たした役割：Hackett, R. F., *Yamagata Aritomo in the Rise of Modern Japan,* p.291-300（引用は 298 頁）；三宅正樹『ユーラシア外交史研究』（河出書房新社，2000 年），20-23，85-88 頁。

(34) 加藤高明「日露新協約と日英同盟」（『同志』, 1916 年 8 月 15 日, 第 1 巻, 第 5 号）。さらに参照：三宅正樹『ユーラシア外交史研究』，88-91 頁。

(35) 次の引用：Гальперин, А.Л., *Англо-японский союз,* с.314-315.

(36) 後藤新平「日露協約は日英同盟の拡張なり」（『日露実業新報』，1916 年 8 月 15 日）。

(37) 茅原崋山（1）「日露協約と国際政局の変化」（『日本評論』，1916 年 8 月 1 日）；（2）「日露独三国同盟――欧州大戦後の日露独同盟論」（『日本評論』，1917 年 2 月 1 日）；さらに参照：長瀬鳳輔「露独接近論―バルカンの将来の結論として」（『太陽』，1915 年 8 月 1 日）；長島隆二「露独必ず提携せん」（『日本及日本人』，1916 年 1 月，第 671 号）；蜷川新「露独もし単独講和せば」（『外交』，1917 年 1 月 1 日）。

(38) 煙山専太郎「日露独同盟論」（『雄辯』，1917 年新年光彩号）；千賀鶴太郎「日露新協約と三国同盟」（『太陽』，1916 年 8 月 1 日）；北昤吉「亜細亜主義の真諦を論ず」（『新小説』，1917 年 4 月号およびその他）。

(39) 長島隆二「日独同盟の前提」（『洪水以後』，1916 年 4 月，第 11 号）；寺尾亨「英国は終生の敵」（前掲）。

(40) Nish, I., *Alliance in Decline,* p.178-83.

(41) Сазонов, С.Д., *Воспоминания* (М.: Международные отношения, 1991), Гл. XII-XIII.

(42) Coleman, F., *The Far East Unveiled,* p. 223.

(43) Hackett, R.F., *Yamagata Aritomo in the Rise of Modern Japan,* p.301-07 ; Connors, L., *Emperor's Adviser : Saionji Kinmochi and Pre-war Japanese Politics,* p.57-58.

(44) 山本四郎編『西原亀三日記』（京都女子大学，1983 年），136-49 頁。

(45) 1918 年の後藤との西原の政治的交渉：前掲，254-57，271-76 頁。

(46) 1914 年 4 月 30 日付原メモによれば，その当時後藤は大隈内閣が寺内内閣に交代するのであれば，後藤は内務大臣のポストに就くであろうと言っていた：『原敬日記』（第 3 巻），422 頁。

(47) Coleman, F., *The Far East Unveiled,* Ch.XLVI.

(48) Duus, P., *Party Rivalry and Political Change in Taisho Japan,* p. 97-101. これらの交渉における後藤の役割についての詳説：『原敬日記』（4 巻，1916 年 10 月 -1917 年 4 月の期間のメモ；他は索引に従う）。

(49) 藤本和貴夫「1925 年の日ソ国交樹立」（『ロシア史の新しい世界』，露

(17) Lowe, P., *Great Britain and Japan 1911-1915,* Ch. V; Гальперин, А.Л., *Англо-японский союз,* Гл. VI.
(18) Lowe, P., *Great Britain and Japan 1911-1915,* p.9.
(19)『田中義一伝記』(上),(田中義一伝記刊行会, 1958年), 572-73頁。
(20) Ian Nish, *Alliance in Decline. A Study in Anglo-Japanese Relations 1908-1923* (London: Athlone Press, 1972), p.184-85; 中島岳志『中村屋のボース——インド独立運動と近代日本のアジア主義』(白水社, 2005年), 142頁; さらに, ボースの姑の相馬黒光の回想記を参照: *Rash Behari Basu - His Struggle for India's Independence* (Calcutta: Biplabi Mahanayak Rash Behari Basu Smarak, 1963), p.27-37.
(21) *МОЭИ*, Серия III, Т. 6, Часть 2, с.315.
(22) 後藤新平「時局に関する意見の大要」(1916年), 12頁。
(23) Nish, I., *Alliance in Decline,* p.236.
(24) 後藤新平『日本膨張論』(通俗大学会, 1916年), 7-8および199頁: 比較参照——後藤新平『対戦後の新文明』(新日本, 1916年4月)。
(25) 後藤新平『日本膨張論』, 228頁。
(26) Roger F. Hackett, *Yamagata Aritomo in the Rise of Modern Japan 1838-1922* (Cambridge, Mass.: Harvard University Press, 1971), p.283-90; Duus, P., *Party Rivalry and Political Change in Taisho Japan,* p.92-97; 山縣の政友会との政治的関係について:『原敬日記』(4巻うち露日同盟については113-14, 124-25, 166-68頁)。
(27) *МОЭИ,* Серия III, Т.8, Часть 2, с.326-327, 124.
(28) 吉村道男『日本とロシア』(日本経済評論社, 1991年), 280-96頁; Подалко, П.Э., *Япония в судьбах россиян* (М.: Крафт+, 2004), с.43-46;『原敬日記』(4巻), 154-155頁。
(29) 交渉についてのニコライ二世宛報告書(断片), *Красный Архив,* Т. 32, с.11-12.
(30) 鶴見祐輔『正伝・後藤新平』(第5巻), 853-60頁。
(31) *Красный Архив,* Т. 32, с.9-11.
(32) Гримм, Э.Д., *Сборник договоров и других документов по истории международных отношений на Дальнем Востоке (1842-1925)* (М.: Институт Востоковедения, 1927), с.191-92: 研究書: 吉村道男『日本とロシア』, 297-318頁; Васюков, В.С., *Внешняя политика России накануне Февральской революции 1916-февраль 1917 г.* (М.: Наука, 1989), с.96-126; Барышев, Э. А., "Русско-японская политическая конвенция от 3 июля 1916 года и ее международно- политический смысл," *Япония. Ежегодник 2005-2006* (М.: АИРО-XXI, 2006).

Mass.: Harvard University Press, 1968), Ch. 3 ; さらに 1912 年 12 月 -1913 年 2 月の期間の原メモを参照──『原敬日記』(3 巻), 271-90 頁。

(46) 坂野潤治『大正政変』(ミネルヴァ書房, 1982 年) ; Leslie Connors, *Emperor's Adviser: Saionji Kinmochi and Pre-war Japanese Politics* (London: Croom Helm, 1987), p.36-42.

第 3 章

(1) Duus, P., *Party Rivalry and Political Change in Taisho Japan,* p.50-68.

(2) *Международные отношения в эпоху империализма. Документы из архивов царского и временного правительств* (以下 *МОЭИ*), Серия III, Т. 2, с.494-96.

(3) ロシア大使発書簡 (1913 年 8 月 30 日旧暦) : Гальперин, А.Л., *Англо-японский союз 1902-1921 гг.* (М.: Госполитиздат, 1947), с.306.

(4) *МОЭИ,* Серия III, Т. 4, с.371-372 & Т. 5, с.23-26, 311-315.

(5) 第一次世界大戦時代の露日関係についての専門文献は割合に少ない。本研究にとってより重要と思われるもの : 吉村道男『日本とロシア』(日本経済評論社, 1991 年), 第 4 章 ; 三宅正樹『ユーラシア外交史研究』(河出書房新社, 2000 年), 第 2 篇 ; Григорцевич, С.С., *Дальневосточная политика империалистических держав в 1906-1917 гг.,* с.515-35 ; Пестушко, Ю.С., *Японо-российские отношения в годы Первой мировой войны,* Автореферат диссертации на соискание ученой степени кандидата исторических наук, Владивосток, 2003.

(6) *МОЭИ,* Серия III, Т. 6, Часть 1, с.285-286.

(7) 前掲, Т. 7, Часть 1, с.120-21.

(8) Peter Lowe, *Great Britain and Japan 1911-1915. A Study of British Far Eastern Policy* (London: Macmillan, 1969), Ch. VI, VIII.

(9)『原敬日記』(4 巻), 46-51 頁。

(10) K.K. Kawakami, *Japan and World Peace* (N.Y.: Macmillan, 1919), Ch. I; Исии, К., *Дипломатические комментарии* (М.: Госполитиздат, 1942), с.18-20, 24-28.

(11) *МОЭИ,* Серия III, Т. 7, с.86-88.

(12) より詳説 : 田中直吉「日露協商論」(『神川先生還暦記念──近代日本外交史の研究』(有斐閣, 1956 年), 295-364 頁 ; エドワルド・バールィシェフ『日露同盟の時代──1914 〜 1917 年』(花書院, 2008 年)。

(13) 後藤新平「どこまでも日露親善論」(『中央公論』, 1915 年 1 月 10 日)。

(14) 目賀田種太郎「日露提携無用」(『洪水以後』第 11 号, 1916 年 4 月)。

(15) Frederic Coleman, *The Far East Unveiled* (London-N.Y.: Cassell, 1918), Ch. V.

(16) *МОЭИ,* Серия III, Т. 10, с.451-452.

（21）次の引用：Севостьянов, П. П., *Экспансионистская политика США на Дальнем Востоке,* с.154.

（22）前掲，155-156 頁。

（23）Clyde, P. H., *International Rivalries in Manchuria,* p.193.

（24）1909 年 7 月 6 日調印の「湖北，湖南，四川（あわせて湖広という）地方における鉄道建設のための対中国国際借款（供与国——ドイツ，イギリス，フランス）。借款団への参加を主張したアメリカの不満を招いた。

（25）次の引用：Севостьянов, П. П., *Экспансионистская политика США на Дальнем Востоке,* с.161.

（26）*Россия и США: дипломатические отношения 1900-1917* (М.: Международный фонд «Демократия», 1999), с.152-155.

（27）前掲，146-49 頁。

（28）Harrison, E. J., *Peace of War East of Baikal?* (Yokohama: Kelly & Walsh, 1910), p. 339.

（29）*The d'Anethan Dispatches from Japan,* p. 250-251.

（30）*Россия и США: дипломатические отношения 1900-1917,* с.155-156.

（31）『桂，後藤とロシア』，文書 24。

（32）*The d'Anethan Dispatches from Japan,* p. 258.

（33）『桂，後藤とロシア』，文書 25。

（34）前掲，文書 26。

（35）前掲，文書 31。

（36）前掲，文書 37。

（37）訪問の前史および記録：鶴見祐輔『正伝・後藤新平』（第 5 巻），559-93 頁。

（38）『桂，後藤とロシア』，文書 45-48。

（39）前掲，文書 50。

（40）前掲，文書 41。

（41）『日本人とロシア語——ロシア語教育の歴史』（ナウカ，2000 年），140-47 頁；『拓殖大学 80 年史』（拓殖大学，1980 年），227-81 頁；ワシーリー・モロジャコフ「拓殖大学におけるロシア研究の半世紀」，『ロシアと拓殖大学』（拓殖大学，2005 年），533-42 頁（ロシア語テキスト）；486-97 頁（日本語テキスト）。

（42）*Архив внешней политики Российской империи,* Японский стол, Опись 493, Дело 1483, Листы 9, 20.

（43）『桂，後藤とロシア』，文書 52。

（44）前掲，文書 53-54。

（45）Peter Duus, *Party Rivalry and Political Change in Taisho Japan* (Cambridge,

Харвест, 2004), с.339-56 ;『伊藤博文伝』（第 3 巻）（原書房，1970 年），870-75 頁。

（3）より詳細には：Самойлов, Н.А., “Ито Хиробуми: образ японского государственного деятеля в российском восприятии (начало XX века),” *Из истории религиозных, культурных и политических взаимоотношений России и Японии в XIX-XX веках* (СПб., 1998).

（4）Васкевич, П.Ю., “Воспоминания,” Публ. и комм. П.Э. Подалко, *Славиана / Slavonic Studies* (Токио), No.17 (2002), с.186.

（5）*Архив внешней политики Российской империи,* Японский стол, Опись 493, Дело 206, Лист 48.

（6）前掲，54 頁。

（7）前掲，55-56 頁（裏面）。

（8）前掲，59-60 頁（裏面）。

（9）前掲，83 頁。

（10）前掲，131 頁。

（11）前掲，152-54 頁。

（12）鶴見祐輔『正伝・後藤新平』（第 5 巻），499-509 頁。

（13）*Архив внешней политики Российской империи*, Японский стол, Опись 493, Дело 206, Лист 148.

（14）次の引用：Кутаков Л. Н. *Портсмутский мирный договор,* p. 118-19.

（15）『桂，後藤とロシア』，文書 23。

（16）*Архив внешней политики Российской империи,* Японский стол, Опись 493, Дело 206, Листы 165-166 об.

（17）前掲，178 頁裏面。

（18）前掲，81 頁（1909 年 11 月 24 日付イズヴォリスキーのストルィピン宛て書簡）。

（19）Clyde, P. H., *International Rivalries in Manchuria,* Ch. VIII, X, XI ; C. Walter Young, *Japan's Special Position in Manchuria: Its Assertion, Legal Interpretation and Present Meaning*, Ch. III-VI ; Григорцевич, С.С., *Дальневосточная политика империалистических держав в 1906-1917 гг.* Главы I, III; Севостьянов, П.П., *Экспансионистская политика США на Дальнем Востоке,* Главы 1-2. その他文献あり。

（20）既述の著作物のほかに，次のような文書を参照：黒羽茂（1）「南満州鉄道中立化問題」（『日本歴史』1959 年 125,126 号）；（2）「南満州鉄道の買収問題と小村寿太郎——太平洋を巡る日米抗争史の一断面」（『論争』1963 年 5 月号）；永雄策郎『近代日本の拓殖（海外雄飛）政策家』（拓殖大学，2004 年），390-99 頁。

（16）*Кацура Таро, Гото Симпэй и Россия. Сборник документов 1907-1929,* Публикация В.Э. Молодякова (М.: АИРО-XXI, 2005), Док. 2. なお，ここ以降については「前掲，文書番号」または「『桂，後藤とロシア』，文書番号」で表示。
（17）前掲，文書1。
（18）前掲，文書5。
（19）前掲，文書3。
（20）*The d'Anethan Dispatches from Japan, 1894-1910,* Ed. & transl. George A. Lensen (Tallahassee: Diplomatic Press, 1967), p. 228.
（21）訪問記録：鶴見祐輔『正伝・後藤新平』（第4巻），585-96頁；『東洋時報』，第117号，1908年6月20日）。
（22）『桂，後藤とロシア』，文書6。
（23）後藤訪問についての切り抜き集（ロシア帝国外務省資料館）
（24）『桂，後藤とロシア』，文書7。
（25）前掲，文書8。
（26）前掲，15頁（序論）。
（27）帝国主義時代における専制政体の対外政策史の概要：Романов, Б. А. *Россия в Маньчжурии 1892-1906* (Л., ЛВИ, 1928), с.554-555；当時の批判的コメント：*Харбинский Ст. Что такое Китайская Восточная железная дорога и куда идут ее миллионы* (СПб., Тип. «Печатное искусство», 1908).
（28）『桂，後藤とロシア』，文書12。
（29）前掲，文書15。
（30）前掲，文書13。
（31）前掲，文書14。
（32）鶴見祐輔『正伝・後藤新平』（第4巻），590-91頁；Matsuoka, Y., *Building Up Manchuria,* p.97-98.
（33）『桂，後藤とロシア』，文書21。
（34）前掲，文書20。
（35）Севостьянов П. П., *Экспансионистская политика США на Дальнем Востоке (в Китае и Корее в 1905-1911 гг.)* (М.: Госполитиздат, 1958), с.50.
（36）Хаусхофер, К., *О геополитике. Работы разных лет* (М.: Мысль, 2001), с.377.

第2章

（1）Baron (Roman) Rosen, *Forty Years of Diplomacy,* Vol. I (N.Y.: Knopf, 1922), p. 233.
（2）伊藤との会談：*Коковцов В.Н. Из моего прошлого (1903-1919)* (Минск:

(7) この箇所以降，出典は満鉄の公式資料を使用：『南満州鉄道株式会社第3次10年史』（南満州鉄道株式会社，1938年）。さらに参照：Yosuke Matsuoka, *Building Up Manchuria* (Tokyo: The Herald of Asia, 1937)；小林英夫編『近代日本と満鉄』（吉川弘文館，2000年）；Ramon H. Myers, "Japanese Imperialism in Manchuria: The South Manchurian Railway Company 1906-1933," *The Japanese Informal Empire in China 1895-1937,* Ed. Peter Duus, Ramon H. Myers, Mark R. Peattie (Princeton: Princeton University Press, 1989).

(8) 本件は，原内務大臣日記に詳しく記されている：『原敬日記』（第2巻）（福村出版，1965年），190-207頁。

(9) Barbara J. Brooks, *Japan's Imperial Diplomacy: Consuls, Treaty Ports and War in China 1895-1937* (Honolulu: University of Hawaii Press, 2000), p.121-24.

(10)「科学的植民」の理論実務家である後藤の業績は特別な研究を要する。これら問題に関する後藤の著作：後藤新平『日本植民政策一般』（日本評論社，1944年）；『後藤新平　背骨のある国際人』（拓殖大学，2001年）；Yosaburo Takekoshi, *Japanese Rule in Formosa* (London: Longmans, 1907)；御厨貴編『時代の先覚者・後藤新平 1857-1929』（藤原書店，2004年）25-30頁；Mark R.Peattie, "Japanese Attitudes Toward Colonialism," *The Japanese Colonial Empire 1895-1945*；他の文書や論文：Молодяков, В.Э., "Гото Симпэй и колониальная политика Японии: Часть первая, Тайвань, 1898-1906 гг." *Япония. Ежегодник 2004-2005* (М.: АИРО-XXI, 2005).

(11) 桂および後藤の大陸的思想創生の代表的研究：小林道彦『日本の大陸政策 1895-1914――桂太郎と後藤新平』（南窓社，1997年）；Stewart Lone, Army, *Empire and Politics in Meiji Japan: The three Careers of General Katsura Taro* (N.Y.: St. Martin's Press, 2000), Ch. 3, 8-10.

(12) Кутаков, Л.Н., *Портсмутский мирный договор 1905-1945 гг.* (М.: Соцэкгиз, 1961), c.116.

(13) 鶴見祐輔『正伝・後藤新平』（第2巻）（藤原書店，2005年）；その他，次のものを参照：Yoshihisa Tak Matsusaka, *The Making of Japanese Manchuria 1904-1932* (Cambridge, Mass.: Harvard University Press, 2001), Ch.2-3.

(14) Кутаков, Л. Н.（1）*Портсмутский мирный договор,* Глава 2；（2）*Россия и Япония* (М.: Наука, 1988), Главы 7-8；Григорцевич, С.С., *Дальневосточная политика империалистических держав в 1906- 1917 гг.* (Томск: Изд-во Томского университета, 1965), Главы II, V, VII；Маринов, В.А., *Россия и Япония перед Первой мировой войной (1905-1914 гг.)* (М.: Наука, 1974). なお，このような解釈がなされるようになったのは，P・E・ポダルコと筆者の著作のなかにおいてであり，つい最近年のことである。

(15) Кутаков, Л.Н., *Портсмутский мирный договор,* c.104-05.

注

第１章

（1）“Начало железнодорожного строительства в России,” *Красный архив,* Т. 99, с.134.

（2）Nicholas Faith, *The World the Railways Made* (London: Pimlico, 1994), p. 1.

（3）理論的意義のある研究論文を２本のみ挙げる：Павлович, М.Н., *Империализм и борьба за великие железнодорожные и морские пути будущего* (М.: НАВ, 1925); *Railway Imperialism,* Ed., Clarence B. Davis, Kenneth E. Wilburn (N.Y.: Greenwood Press, 1991).

（4）Mark R. Peattie, “Introduction”, *The Japanese Colonial Empire 1895-1945,* Ed., Ramon H. Myers, Mark R. Peattie (Princeton: Princeton University Press, 1984), p.10.

（5）黄文雄『日本の植民地の真実——台湾・朝鮮・満州』（扶桑社，2003 年）；永雄策郎『近代日本の拓殖（海外雄飛）政策家』（拓殖大学，2004 年）；Clyde, Paul Hibbert, *International Rivalries in Manchuria 1689-1922* (Second Edition, Revised) (N.Y.: Octagon Books, 1966) (1928); Ralph W. Huenemann, *The Dragon and the Iron Horse: The Economic of Railroads in China 1876-1937* (Cambridge, Mass: Harvard University Press, 1984); Tang, Peter S.H., *Russian and Soviet Policy in Manchuria and Outer Mongolia 1911-1931* (Durham: Duke University Press, 1959), Part One, Ch. 1-2 ; Аварин, В.Я., *Империализм в Маньчжурии,* Т. 1, М.-Л., Соцэкгиз, 1934 ; Сладковский, М.И., *Китай и Япония* (М.: Наука, 1971), Глава 4 ; Молодяков, В.Э., *Россия и Япония: рельсы гудят. Железнодорожный узел российско-японских отношений (1891-1945)* (М.: АСТ-Астрель, 2006) をはじめ，その他文献あり。

（6）満州における満鉄鉄道用地租借権にかかわる日本の権原問題を詳説。C. Walter Young（1）*Japan's Special Position in Manchuria: Its Assertion, Legal Interpretation and Present Meaning* (Baltimore: The Johns Hopkins University Press, 1931)（2）*The International Legal Status of the Kwantung Leased Territory* (Baltimore: The Johns Hopkins University Press, 1931)（3）*Japanese Jurisdiction in the South Manchuria Railway Areas* (Baltimore: The Johns Hopkins University Press, 1931).

Kennan, George F. *Soviet-American Relations, 1917-1920. Vol. II. The Decision to Intervene.* Princeton: Princeton University Press, 1958.

Lensen, George A. *Japanese Recognition of the USSR: Soviet-Japanese Relations, 1921-1930.* Tallahassee: Diplomatic Press, 1970.

Lone, Stewart. *Army, Empire and Politics in Meiji Japan. The Three Careers of General Katsura Taro.* N.Y.: St. Martin's Press, 2000.

Lowe, Peter. *Great Britain and Japan, 1911-1915. A Study of British Far Eastern Policy.* London: Macmillan, 1969.

Matsuoka, Yosuke. *Building Up Manchuria.* Tokyo: The Herald of Asia, 1937.

Matsusaka, Yoshihisa Tak. *The Making of Japanese Manchuria, 1904-1932.* Cambridge (Mass.): Harvard University Press, 2001.

Morley, James. *The Japanese Thrust into Siberia, 1918.* N.Y.: Columbia University Press, 1957.

Morton, William F. *Tanaka Giichi and Japan's China Policy.* N. Y.: Dawson, 1980.

Nish, Ian. *Alliance in Decline. A Study in Anglo-Japanese Relations, 1908-1923.* London: Athlone Press, 1972.

Rash Behari Basu - His Struggle for Inidia's Independence. Calcutta: Biplabi Mahanayak Rash Behari Basu Smarak Samity, 1963.

Rosen, Baron (Roman). *Forty Years of Diplomacy.* Vol. I-II. N.Y.: Knopf, 1922.

Suma, Yakichiro. *Where Japan Stands; Addresses Delivered in America on the Sino-Japanese Conflict.* Tokyo: Hokuseido, 1940.

Takeuchi, Tatsuji. *War and Diplomacy in the Japanese Empire.* Garden City NY: Doubleday Doran, 1935.

Tang, Peter S.H. *Russian and Soviet Policy in Manchuria and Outer Mongolia, 1911-1931.* Durham: Duke University Press, 1959.

What Japan Thinks. Ed. K. K. Kawakami. New York: Macmillan, 1921.

Young, C. Walter. *Japan's Special Position in Manchuria: Its Assertion, Legal Interpretation and Present Meaning.* Baltimore: The Johns Hopkins Press, 1931.

—. *Japanese Jurisdiction in the South Manchuria Railway Areas.* Baltimore: The Johns Hopkins Press, 1931.

—. *The International Legal Status of the Kwantung Leased Territory.* Baltimore: The Johns Hopkins Press, 1931.

идут ее миллионы. СПб.: Тип. «Печатное искусство», 1908.
Чичерин Г.В. *Статьи и речи по вопросам международной политики.* М.: Изд-во социально-экономической литературы, 1961.
Шулатов Я.А. *Российско-японские отношения в дальневосточной политике России (1905-1914 гг.). Автореферат диссертации на соискание ученой степени кандидата исторических наук.* Хабаровск: ХГПУ, 2005.

〈英語〉

Abrikosov, Dmitrii I., *Revelations of a Russian Diplomat. The Memoirs of Dmitrii I. Abrikosov.* Ed. George A. Lensen. Seattle: University of Washington Press, 1964.
The d'Anethan Dispatches from Japan, 1894-1910. Ed. & transl. George A. Lensen. Tokyo-Tallahassee: Sophia University – Diplomatic Press, 1967.
Bamba, Nobuya. *Japanese Diplomacy in a Dilemma: New Light on Japan's China policy, 1924-1929.* Kyoto: Minerva Press, 1972.
Brooks, Barbara J. *Japan's Imperial Diplomacy: Consuls, Treaty Ports and War in China, 1895-1937.* Honolulu: University of Hawaii Press, 2000.
Clyde, Paul Hibbert. *International Rivalries in Manchuria, 1689-1922.* (Second Edition Revised). N.Y.: Octagon Books, 1966 (1928).
Coleman, Frederic. *The Far East Unveiled.* London-N.Y.: Cassell, 1918.
——. *Japan Moves North: The Inside Story of the Struggle for Siberia.* London-N.Y.: Cassel, 1918.
Connors, Leslie. *Emperor's Adviser: Saionji Kinmochi and Pre-war Japanese Politics.* London: Croom Helm, 1987.
Duus, Peter. *Party Rivalry and Political Change in Taisho Japan.* Cambridge (Mass.): Harvard University Press, 1968.
Hackett, Roger F. *Yamagata Aritomo in the Rise of Modern Japan, 1838-1922.* Cambridge (Mass.): Harvard University Press, 1971.
Huenemann, Ralph W. *The Dragon and the Iron Horse: The Economic of Railroads in China, 1876-1937.* Cambridge (Mass.): Harvard University Press, 1984.
Iriye, Akira. *After Imperialism. The Search for a New Order in the Far East, 1921-1931.* Cambridge (Mass.): Harvard University Press, 1968.
The Japanese Colonial Empire, 1895-1945. Ed. Ramon H. Myers, Mark R. Peattie. Princeton: Princeton University Press, 1984.
The Japanese Informal Empire in China, 1895-1937. Ed. Peter Duus, Ramon H. Myers, Mark R. Peattie. Princeton: Princeton University Press, 1989.
Kawakami, K.K. *Japan and World Peace.* N.Y.: Macmillan, 1919.

Маринов В.А. *Россия и Япония перед Первой мировой войной (1905-1914 гг.).* М.: Наука, 1974.

Международные отношения в эпоху империализма. Документы из архивов царского и временного правительств. М.: Соцэкгиз-Госполитиздат, 1931-1941.

Молодяков В.Э. *Россия и Япония: поверх барьеров. Неизвестные и забытые страницы российско-японских отношений (1899-1929).* М.: АСТ-Астрель, 2005.

——. *Россия и Япония: рельсы гудят. Железнодорожный узел российско-японских отношений (1891-1945).* М.: АСТ-Астрель, 2006.

Новый мир истории России. Форум российских и японских историков. М.: АИРО-XX, 2001.

Пестушко Ю.С. *Японо-российские отношения в годы Первой мировой войны. Автореферат диссертации на соискание ученой степени кандидата исторических наук.* Владивосток: ДВГУ, 2003.

Подалко П.Э. *Япония в судьбах россиян.* М.: Крафт+, 2004.

Подготовка и начало интервенции на Дальнем Востоке России. Документы и материалы. Владивосток, ДВО РАН, 1997.

Прошлое и будущее российско-японских отношений: по следам Кацура Таро, Гото Симпэй, Нитобэ Инадзо. Материалы симпозиума (Москва, 4 октября 2004 г.). М.: АИРО-XX, 2005.

Романов Б.А. *Россия в Маньчжурии, 1892-1906. Очерки по истории внешней политики самодержавия в эпоху империализма.* Л.: ЛВИ, 1928.

Россия и США: дипломатические отношения. 1900-1917. М.: Международный фонд «Демократия», 1999.

Сазонов С.Д. *Воспоминания.* М.: Международные отношения, 1991.

Самойлов Н.А. “Ито Хиробуми: образ японского государственного деятеля в российском восприятии (начало XX века),” *Из истории религиозных, культурных и политических взаимоотношений России и Японии в XIX-XX веках.* СПб., 1998.

Севостьянов П.П. *Экспансионистская политика США на Дальнем Востоке (в Китае и Корее в 1905-1911 гг.).* М.: Госполитиздат, 1958.

Семенов, Атаман (Г.М.) *О себе. Воспоминания, мысли и выводы.* М.: АСТ, 2002.

Сладковский М.И. *Китай и Япония.* М.: Наука, 1971.

СССР и Япония. М.: Наука, 1987.

Устрялов Н. *Национал-большевизм.* М.: Эксмо, 2003.

Харбинский Ст. *Что такое Китайская Восточная железная дорога и куда*

年 3 月））
——『日本とロシア』（日本経済評論社，1991 年）
『ロシアと拓殖大学』（拓殖大学，2005 年）
『吾等の知れる後藤新平伯』（東洋協会，1929 年）

〈ロシア語〉

Аварин В.Я. *Империализм в Маньчжурии.* Т. 1. М.: Соцэкгиз, 1934.

Барышев Э. А. “Русско-японская политическая конвенция от 3 июля 1916 года и ее международно-политический смысл,” *Япония.* Ежегодник. 2005-2006. М.:АИРО-XXI, 2006.

Беседовский Г. *На путях к термидору.* М.: Современник, 1997.

Васкевич П.Ю., “Воспоминания,” Публикация и комментарии П.Э. Подалко, *Славиана / Slavonic Studies* (Токио). № 17-18 (2002-2003).

Васюков В.С. *Внешняя политика России накануне Февральской революции: 1916 – февраль 1917 г.* М.: Наука, 1989.

ВКП(б), Коминтерн и Япония, 1917-1941. М.: Росспэн, 2001.

Гальперин А.Л. *Англо-японский союз, 1902-1921 гг.* М.: Госполитиздат, 1947.

Григорцевич С.С. *Дальневосточная политика империалистических держав в 1906-1917 гг.* Томск: Изд-во Томского университета, 1965.

Гутман А.Я. (Ган А.). *Гибель Николаевска-на-Амуре. Страницы из истории гражданской войны на Дальнем Востоке.* Берлин: Русский экономист, 1924.

Документы внешней политики СССР. М.: Госполитиздат – Международные отношения, 1957- (издание продолжается).

Иоффе А.А. “Россия и Япония. (Чаньчуньская конференция),” *Новый Восток.* № 4 (1923).

Каретина Г.С. *Чжан Цзолинь и политическая борьба в Китае в 20-е гг.* XX в. М.: Наука, 1984.

Кацура Таро, Гото Симпэй и Россия. Сборник документов. 1907-1929. Публикация В.Э. Молодякова. М.: АИРО-XXI, 2005.

Коковцов В.Н. *Из моего прошлого (1903-1919).* Минск: Харвест, 2004.

Красный архив. М.: Центрархив, 1922-1941.

Кутаков Л.Н. *Портсмутский мирный договор, 1905-1945 гг.* М.: Соцэкгиз, 1961.

——. *История советско-японских дипломатических отношений.* М.: Изд-во Института международных отношений, 1962.

——. *Россия и Япония.* М.: Наука, 1988.

鶴見祐輔著，一海知義校訂『正伝・後藤新平』全 8 巻（藤原書店，2004-09 年）
寺尾亮「英国は終世の敵」（『洪水以後』1916 年 4 月（第 11 号））
徳富猪一郎『公爵桂太郎伝』上下（公爵桂太郎伝記編纂会，1917 年）
——『公爵山県有朋伝』下（山県朋公記念事業会，1933 年）
東郷茂徳『時代の一面——東郷茂徳外交手記』（原書房，1985 年）
東郷茂徳記念会編『外相東郷茂徳』下，萩原延寿『東郷茂徳——伝記と解説』（原書房，1985 年）
富田武「後藤新平の訪ソと漁業協約交渉——日露資料の比較検討から」（『成蹊法学』第 61 号（2005 年 3 月））
『長雄策郎——近代日本の拓殖（海外雄飛）政策家』（拓殖大学，2004 年）
中島岳志『中村屋のボース——インド独立運動と近代日本のアジア主義』（白水社，2005 年）
長島隆二「露独必ず提携せん」（『日本及日本人』1916 年 1 月（第 671 号））
——「日独同盟の前提」（『洪水以後』1916 年 4 月（第 11 号））
長瀬鳳輔「露独接近論——巴爾幹の将来の結論として」（『太陽』1915 年 8 月 1 日（第 21 巻第 10 号））
『日本外交史』第 15 巻『日ソ関係史，1917 ～ 1945 年』（鹿島研究所出版会，1970 年）
『日本人とロシア語——ロシア語教育歴史』（ナウカ，2000 年）
蜷川新「露独若し単独講和せば」（『外交』1917 年 1 月 1 日（第 3 巻第 3 号））
萩原延寿『東郷茂徳——伝記と解説』（原書房，1985 年）
服部龍二『東アジア国際環境の変動と日本外交，1918 ～ 1931』（有斐閣，2003 年）
『原敬日記』第 2-5 巻（福村出版，1965 年）
原暉之『シベリア出兵——革命と干渉』（筑摩書房，1989 年）
バールィシェフ・エドワルド『日露同盟の時代——1914 ～ 1917 年』（花書院，2008 年）
坂野潤治『大正政変』（ミネルヴァ書房，1982 年）
広田弘毅伝記刊行会編『広田弘毅』（広田弘毅伝記刊行会，1966 年）
細谷千博『シベリア出兵の史的研究』（岩波書店，2005 年）
——『ロシア革命と日本』（原書房，1972 年）
御厨貴編『時代の先覚者・後藤新平』（藤原書店，2004 年）
南満州鉄道株式会社編『南満州鉄道株式会社十年史』（原書房，1974）
三宅正樹『ユーラシア外交史研究』（河出書房新社，2000 年）
目賀田種太郎「日露提携無用」（『洪水以後』1916 年 4 月（第 11 号））
山本四郎編『西原亀三日記』（京都女子大学，1983 年）
吉村道男「後藤新平最後の訪ソをめぐって」（『外交史料館報』第 3 号（1990

茅原華山「日露協約と国際政局の変化」(『日本評論』1916年8月1日(第16号))
――「日露独三国同盟――欧州大戦後の日露独同盟論」(『日本評論』1917年2月1日(第22号))
『北一輝著作集』第2巻(水野書房，1972年)
北昤吉「亜細亜主義の真諦を論ず」(『新小説』1917年4月号)
黒羽茂「南満州鉄道中立化問題」(『日本歴史』125，126号，1959年)
――「南満州鉄道の買収問題と小村寿太郎――太平洋を巡る日米抗争史の一断面」(『論争』1963年5月号)
煙山専太郎「日露独三国同盟論」(『雄弁』1917年新年光彩号)
後藤新平「どこまでも日露親善論」(『中央公論』1915年10月1日)
――「対戦後の新文明」(『新日本』1916年4月号)
――「日露協約は日英同盟の拡張なり」(『日露実業新報』1916年8月15日)
――『時局に関する意見の大要』(〔出版社不明〕，1916年)
――『日本膨張論』(通俗大学会，1916年)
――『日露関係に就いての所見』(〔出版社不明〕，1923年)
――『日露国民的交渉の正系』(〔出版社不明〕，1923年)
――『日露予備交渉或問』(〔出版社不明〕，1923年)
――『対露交渉と日露協会』(〔出版社不明〕，1924年)
――『日露問題に就いて』(〔出版社不明〕，1924年)
――『日本植民政策一斑』(日本評論社，1944年)
後藤新平，前田多門『ロシアより帰りて――講演』(朝日民衆講座，1928年)
『後藤新平――背骨のある国際人』(拓殖大学，2001年)
小林英夫編『近代日本と満鉄』(吉川弘文館，2000年)
小林道彦『日本の大陸政策1895-1914年――桂太郎と後藤新平』(南窓社，1997年)
小林幸男「日ソ国交調整の一断面――後藤・ヨッフェ会談開始の経過」(『日本外交史研究――大正時代』＝『国際政治』6号(1958年))
――『日ソ政治外交史』(有斐閣，1985年)
参謀本部編『大正7年乃至11年西伯利出兵史』第1巻(新時代社，1972年)
千賀鶴太郎「日露新協約と三国同盟」(『太陽』1916年8月1日号)
『拓殖大学八十年史』(拓殖大学，1980年)
『田中義一伝記』上下(田中義一伝記刊行会，1958～1960年)
田中直吉「日露協商論」(『神川先生還暦記念――近代日本外交史の研究』(有斐閣，1956年))
駄場裕司「後藤・ヨッフェ交渉前後の玄洋社・黒龍会」(『拓殖大学百年史研究』第6号(2001年冬))

参考文献

■文書資料

Архив внешней политики Российской империи (Москва)

Фонд Японский стол.

Архив внешней политики Российской федерации (Москва)

Фонд 04. Секретариат Г.В. Чичерина.

Фонд 08. Секретариат Л.М. Карахана.

Российский государственный архив социально-политической истории (Москва)

Фонд 558. И.В. Сталин.

Российский государственный исторический архив (Санкт-Петербург)

Фонд 23. Министерство торговли и промышленности.

Фонд 560. Министерство финансов.

日本外交資料館

2-5-1, 106-4.「日露国交回復交渉一件」No.1-7 .

後藤新平記念館（岩手県奥州市）

『後藤新平関係文書』（マイクロフィルム）

「満鉄総裁時代」（R37），「第一次逓相時代」（R71），「立憲同志会関係」（R47），「寺内内閣」（R47 〜 48），「ヨッフェ交渉関係」（R52），「日露関係」（R53），「訪露関係」（R54）

■文献

〈日本語〉

雨宮昭一「戦争指導と政党——外交調査会の機能と位置」（『思想』622 号，1976 年 4 月）

石井菊次郎『外交余禄』（岩波書店，1930 年）

『伊藤博文伝』下（原書房，1970 年）

『内田良平関係文書』第 2 巻（芙蓉書房，1994 年）

笠間啓治「後藤新平の訪ソ」（早稲田大学理工学部『人文社会科学研究』第 39 号）

加藤高明「日露新協約と日英同盟」（『同士』1916 年 8 月 15 日（第 1 巻第 5 号））

ヤ　行

ラ　行

ワ　行

マ　行

ナ　行

ハ　行

サ 行

タ 行

カ 行

人名索引

注を除く本文から拾い，姓→名の五〇音順で配列した。
中国人名は漢字音読みとした。

ア 行

著者紹介

ワシーリー・モロジャコフ（Василий Молодяков）

1968年モスクワ生まれ。1993年モスクワ国立大学卒業，96年同大学大学院博士課程修了。歴史学博士（Ph.D.，モスクワ国立大学，1996年），国際社会科学博士（Ph.D.，東京大学，2002年），政治学上級博士（LL.D.，モスクワ国立大学，2004年）。2003～09年拓殖大学日本文化研究所主任研究員，客員教授。現在，法政大学日ロ関係研究所特任研究員。日本近現代史・国際関係史専攻。

〈著書・論文〉

Консервативная революция в Японии: идеология и политика. М., 1999.（『日本における保守革命――思想と政治』）

Россия и Япония: поверх барьеров. Неизвестные и забытые страницы российско-японских отношений (1899-1929). М., 2005.（『ロシアと日本　障害を越えて――知られざる日露関係史1899～1929年』）

Россия и Япония: меч на весах. Неизвестные и забытые страницы российско-японских отношений (1929-1948). М., 2005.（『ロシアと日本　戦争か平和か――知られざる日露関係史1929～1948年』）

Кацура Таро, Гото Симпэй и Россия. Сборник документов. 1907-1929. Составление, вступительная статья, подготовка текста и примечания. М., 2005.（『桂太郎，後藤新平とロシア――資料集1907～1929年』編集・解題）

Эпоха борьбы. Сиратори Тосио (1887-1949): дипломат, политик, мыслитель. М., 2006.（『戦いの時代――白鳥敏夫評伝（1887～1949年）』）

Россия и Япония: рельсы гудят. Железнодорожный узел российско-японских отношений (1891-1945). М., 2006.（『ロシアと日本――鉄道関係史（1891～1945年）』）

История Японии. XX век. М., 2007 (соавт. Э.В. Молодякова, С.Б. Маркарьян).（『日本史――20世紀』共著）

Риббентроп. Упрямый советник фюрера. М., 2008.（『リッベントロップ――ナチ外相評伝』）

Россия и Япония: золотой век (1905-1916). М., 2008.（『ロシアと日本――黄金時代（1905～1916年）』）

『ロシアと拓殖大学』（編集・解題，拓殖大学，2005年）

「大川周明の世界，世界の大川周明」（『新日本学』第10～12号，2008～09年）

訳者紹介

木村　汎（きむら・ひろし）

1936年生まれ。京都大学法学部卒。米コロンビア大学Ph. D. 北海道大学，国際日本文化研究センター教授を経て，現在，同名誉教授，拓殖大学客員教授。ロシア政治専攻。『ソ連とロシア人』（蒼洋社）『ソ連式交渉術』（講談社）『総決算　ゴルバチョフの外交』（弘文堂）『ボリス・エリツィン』（丸善）『プーチン主義とは何か』（角川書店）『遠い隣国』（世界思想社，アジア・太平洋賞受賞）『新版　日露国境交渉史』（角川選書）『プーチンのエネルギー戦略』『「新冷戦」の序曲か―メドベージェフ・プーチン双頭政権の軍事戦略』（以上，北星堂書店）『アジアに接近するロシア』（編著，北海道大学出版会）など編著書多数。

後藤新平《ごとうしんぺい》と日露関係史《にちろかんけいし》――ロシア側新資料《がわしんしりょう》に基《もと》づく新見解《しんけんかい》

2009年5月30日　初版第1刷発行 ©

訳　者　木　村　　汎

発行者　藤　原　良　雄

発行所　株式会社　藤　原　書　店

〒162-0041　東京都新宿区早稲田鶴巻町523
電　話　03（5272）0301
FAX　03（5272）0450
振　替　00160 - 4 - 17013
info@fujiwara-shoten.co.jp

印刷・製本　中央精版印刷

落丁本・乱丁本はお取替えいたします
定価はカバーに表示してあります

Printed in Japan
ISBN978-4-89434-684-0